[巻頭特集] **子ども学研究への提言 2018**
 「子ども」とは誰か 子安増生
 転換期の社会における子ども研究 永井聖二
 「貧困」研究の総合化 汐見稔幸

◉ 特集1 ◉ **子どもは日本語をどう獲得するのか**
 第1章 日本語の擬音語"感覚"の発達 針生悦子
 第2章 1920年代後半からの綴方における表現指導 杉山実加

◉ 特集2 ◉ **教師・保育者の専門性の発達**
 第1章 保育者の専門性と保育実践の質の維持・向上をはかる研修の実態 北野幸子
 第2章 保育士の研修に係る法的規定に関する考察 矢藤誠慈郎

◉ 小特集 ◉ 幼児期におけるふざけ行動の意義 掘越紀香

[投稿論文]
 〈原著論文〉4歳児の製作場面におけるモノを他者に「見せる」行為の
 機能の検討 佐川早季子

| 編集 白梅学園大学子ども学研究所「子ども学」編集委員会

萌文書林
houbunshorin

まえがき

　本誌「子ども学」は，今号で6回目の刊行となり，子ども学またその関連する領域において定着してきたように思える。だが，同時に（たとえば，私の専門などに見られるように），乳幼児の保育・幼児教育に特化した雑誌のようにも見なされることもある。たしかに保育・幼児教育は，子ども学の重要な領域であり，研究も極めて多いので，それは当然ながら本誌の重要な柱となる。毎号，何らかのそこに関わる論考を掲載するよう努めている。

　しかし，子ども学の全体は，もっと広いものである。子どもという存在の定義を未成年としても，その幅は20年ほどにおよび，その時期ごとの違いは大きい。また，子どもの活動する場は多岐にわたり，当然ながら，幼稚園・保育所や学校という場に限られない。家庭があり，地域があり，さらに言えば，保育的あるいは教育的視点が子どもを捉える唯一のものではない。子どもに関わる人も，親や保育者や教師や兄弟や祖父母や隣人や地域の人々がある。また重要なことは，それらのあり方や問題にアプローチする学問が多様であり，むしろそういった諸学問の協働のなかに，子どものあり得る姿が見えてくるのである。

　教育学，心理学は，もっとも盛んな学問領域であるが，同時に，医学や脳神経科学があり，また，社会学や福祉学，歴史学，さらに最近では，経済学からの分析も盛んだ。政治学や制度・政策に関する研究も増えてきている。保育・教育にしても，そこに関わる専門家である保育者・教師を養成したり，専門性の向上を図る人たちがいる。

　そういったことを受けて，今回から新たに，子どもを囲む諸学問のアプローチを熟知するそのリーダーの方々に，子ども学とその研究の可能性について提言をいただく試みを始めた。また特集として，日本語の獲得の可能性を乳幼児期の言語発達の研究と小学校の作文指導の歴史的分析を組み入れた。もう一つの特集は教師・保育者の専門性の向上を図る上での方策や政策などの現状の分析である。第三に小特集として，保育の場面の詳細な分析をする研究を含めた。投稿論文が一つであるが，それと合わせて，保育研究の動きをよく表すものとなっている。

編集委員長　白梅学園大学大学院特任教授　無藤　隆

子ども学 2018 vol.6 Contents

まえがき ……………… 3

[巻頭特集] 子ども学研究への提言 2018

「子ども」とは誰か ─────────── 007
● 子安　増生

　[1] 公認心理師資格の法制化の経過から●007　[2] 法律用語のなかの「子ども」の規定●009　[3] アンファン・テリブル●010

転換期の社会における子ども研究 ─────────── 012
● 永井　聖二

　[1] 社会変動と子ども研究●12　[2] 子どもをとりまく制度の再構築●14
　[3] 学際的研究の必要性●15

「貧困」研究の総合化 ─────────── 016
● 汐見　稔幸

　[1] 貧困問題の輻輳化●16　[2] 生活の変容と貧困の多様化●17　[3] AI社会と人間の生き甲斐●18　[4] メディア革命と保育・教育の課題の総見直し●19

[特集1] 子どもは日本語をどう獲得するのか

第1章　日本語の擬音語"感覚"の発達 ─────────── 22
● 針生　悦子

　1. はじめに ……………… 22
　2. 研究①：擬音語理解の日中比較 ……………… 24
　3. 研究②：日本語学習経験の影響 ……………… 27
　4. 研究③：日本語環境で育つ子どもにおける擬音語"感覚"の発達 ……………… 29
　5. 研究④：子どもたちが耳にしている擬音語発話とその効果 ……………… 31
　6. 擬音語の"感覚"はどのようにつくられるのか ……………… 33

第2章　1920年代後半からの綴方における表現指導
　　　　―構想と描写の指導に着目して― ─────────── 36
● 杉山　実加

　はじめに ……………… 36
　1. 東京高等師範学校附属小学校の見解 ……………… 37
　　[1]『小学綴方教授細目』の出版●37　[2] 表現に関する指導事項●38

2. 各府県の師範学校附属小学校の見解 ……………………… 40
　　　　［1］1920年代まで●40　［2］1930年以降●43
　　3. 各地の教員が提唱した実践 …………………………………… 47
　　　　［1］構想の指導●48　［2］記述の指導●53
　　おわりに …………………………………………………………………… 58

［特集2］教師・保育者の専門性の発達

第1章 保育者の専門性と保育実践の質の維持・向上をはかる研修の実態 ── 64
●北野　幸子
　　はじめに　―保育者の専門性と研修― ……………………………… 64
　　1. 保育専門職にとっての研修の位置づけ …………………………… 65
　　2. 日本の保育者研修システムの現状と開発動向 …………………… 67
　　　　［1］教育要領・保育指針の改訂（定）について●67　［2］保育士等キャリアアップ研修システム●69　［3］保育専門組織の動向●74
　　3. 海外の保育者研修システムの現状と開発動向 …………………… 75
　　4. 保育実践の質の維持・向上をはかる研修開発の試み …………… 78
　　　　［1］園内公開保育の試み―すべての担任の公開と小学校・大学に開いた継続的研修―●78　［2］継続的公開保育と往還型ドキュメンテーション―地域一体型研修による同僚性創り研修―●79
　　おわりに …………………………………………………………………… 81

第2章 保育士の研修に係る法的規定に関する考察 ───────── 83
●矢藤誠慈郎
　　1. 本稿の目的 …………………………………………………………… 83
　　2. 保育士の研修の法令上の位置づけの検討 ………………………… 84
　　　　［1］法律における規定●84　［2］教員の研修についての法的規定●85
　　　　［3］保育所保育指針における保育士の研修●87　［4］キャリアアップ研修●92
　　3. 考察 …………………………………………………………………… 94

［小特集］幼児期におけるふざけ行動の意義 ───────────── 97
●掘越　紀香
　　はじめに ………………………………………………………………… 97
　　1. ふざけ行動の事例から ……………………………………………… 98
　　2. ふざけ行動に関連する先行研究 …………………………………… 101
　　　　［1］ふざけに関連する中心的概念　―ユーモアと笑い，ふざけとタブー―●101
　　　　［2］攻撃性との関連　―からかいとじゃれ合い遊び―●104　［3］幼児期の仲間関係　―いざこざ―●107　［4］社会情動的スキル（非認知的能力）●108

3. ふざけ研究の概要 ―方法と結果― ……………………………………………… 110
   [1] 方法●110　[2] 結果概要●111
4. ふざけ行動の種類と機能―コミュニケーションの円滑化と葛藤・困りへの対処方略として― …………………………………………………………………………… 115
   [1] ふざけ行動の種類●115　[2] ふざけ行動の機能　―緊張緩和の機能への着目―●116　[3] ふざけの流れ●117
5. ふざけと遊びとの関係―二面性・両極性によるあいまい性と支援性を備えた行動として― …………………………………………………………………………… 118
   [1] ふざけ行動の二面性・両極性，あいまい性，支援性●118　[2] ふざけと遊びとの関係からみたふざけ行動の意義：事例から●118　[3] ふざけと遊びとの関係における遊戯性，二面性・両極性，あいまい性，支援性●120　[4] 幼児教育におけるふざけ行動の積極的な位置づけ●122
6. 今後の課題 ……………………………………………………………………… 123

子ども学　投稿論文

〈原著論文〉**4歳児の製作場面におけるモノを他者に「見せる」行為の機能の検討** ――――――――――――――――――――――――――――――― 128
　　　　　　　　　　　　　　　　　　　　　　　　　　　●佐川早季子

1. 問題と目的―幼児期の造形表現においてモノを「見せる」行為に着目する意義― … 129
2. 分析の視点 ……………………………………………………………………… 130
   [1] 製作場面に固有の「見せる」行為の機能●130　[2] 幼児がモノを「見せる」相手の時期による特徴●131　[3] 幼児がモノを「見せる」行為の機能における時期による特徴●131
3. 本研究の目的と方法 …………………………………………………………… 131
   [1] 観察●131　[2] 分析●132
4. 結果と考察 ……………………………………………………………………… 134
   [1] 分析①　製作場面に固有の「見せる」行為の機能の分析●134　[2] 分析②　製作場面で幼児がモノを「見せる」相手の時期別の特徴の分析●136　[3] 分析③　製作場面で幼児がモノを「見せる」機能の時期別の特徴の分析●138
5. 総合考察 ………………………………………………………………………… 140

子ども学投稿論文部門　原稿募集のお知らせ ……………………………… 144
　　子ども学論文投稿規程●144
　　子ども学編集委員会編集規程●147
　　『子ども学』投稿用ウェブページについて●149
『子ども学』総目次 …………………………………………………………… 150
執筆者紹介・本誌編集委員 …………………………………………………… 153

巻頭特集

子ども学研究への提言 2018

「子ども」とは誰か ──────────────── ◉ 子安　増生

転換期の社会における子ども研究 ──────── ◉ 永井　聖二

「貧困」研究の総合化 ────────────── ◉ 汐見　稔幸

「子ども」とは誰か

|文| 子安　増生

［1］公認心理師資格の法制化の経過から

　筆者は，大学生のころから幼児期と児童期の子どもの認知発達をテーマに研究をしてきた。他者理解の認知機能である「心の理論」研究は，わが国では筆者が所属していた京都大学の研究室が草分けになる。2008年から6年あまり，筆者は日本発達心理学会の理事長（法人化後は代表理事）をつとめてきた。そして，2011年からは日本心理学諸学会連合の理事長を断続的に2期つとめるなかで，心理職の国家資格化を推進する「三団体」の一つの責任者として実現に向けての種々の活動を行ってきた（ほかの2団体とは，臨床心理職国家資格推進連絡協議会と医療心理師国家資格制度推進協議会）。

　「三団体」は，2011年10月に心理職国家資格創設の「要望書」をまとめ，国会議員と関係省庁に陳情を開始し，2013年4月に一般財団法人日本心理研修センター（後に

公認心理師の国家試験の指定試験機関となった）の創設に関わり，請願署名活動を行って2013年9月までに113,434筆の署名を集めた。

　国家資格「公認心理師」は，文部科学省と厚生労働省の共管資格として，2015年9月に法律が成立し，2017年9月に施行された。その間に，筆者は公認心理師カリキュラム等検討会の構成員として，具体的な養成の実施に向けての議論に参加した。公認心理師養成に必要な学部カリキュラム25科目のなかに「発達心理学」が入ったことは，子ども学にとっても大きな成果だと考えている。

　この「発達心理学」で教えるべき内容は，①認知機能の発達及び感情・社会性の発達，②自己と他者の関係の在り方と心理的発達，③誕生から死に至るまでの生涯における心身の発達，④発達障害等非定型発達についての基礎的な知識及び考え方，⑤高齢者の心の5点とされる。児童心理学と青年心理学を中心に始まった発達心理学は，現在では生涯発達心理学に発展している。また，定型発達と非定型発達の関係を見ていくことの大切さも強調されるようになった。この意味では，公認心理師科目「発達心理学」で教えるべき内容は，バランスの取れたものということができる。

　他方，発達心理学にとっては課題も残った。「三団体」の要望書では，「①医療・保健，②福祉，③教育・発達，④司法・矯正，⑤産業等の実践的諸領域における汎用性のある資格」を目指していたが，公認心理師法第2条では，「公認心理師の名称を用いて，保健医療，福祉，教育その他の分野において，心理学に関する専門的知識及び技術をもって，次に掲げる行為を行うことを業とする者（後略）」という大まかな分野規定となった。その後，公認心理師カリキュラム等検討会では，「①保健医療，②福祉，③教育，④司法・犯罪，⑤産業・労働の5分野」となり，分野の内容は「三団体」の要望書の5領域に近づいたが，残念ながら「発達」は抜け落ちてしまった。「発達」が行政用語として定着していないことを痛感させられる審議経過であった。

　この5分野を省庁別にみると，①保健医療，②福祉，⑤産業・労働の3分野は厚生労働省，③教育は文部科学省，④司法・犯罪は法務省の管轄事項になる。子どもの発達は，文部科学省（学校教育）と厚生労働省（児童福祉）の両省にまたがる課題であるが，見方を変えると両省に分断されているといえる。「発達」を冠する法律は，2005年に施行された「発達障害者支援法」くらいである。そもそも日本国憲法には，制定された時代の制約とはいえ，発達的な観点は皆無といってよい。たとえば，憲法第14条第1項「すべて国民は，法の下に平等であって，人種，信条，性別，社会的身分又は門地により，政治的，経済的又は社会的関係において，差別されない。」という文言があるが，「年齢」による差別の問題はまったく念頭に置かれていない。

　わが国の法律に関してもっとも困った問題は，以下にくわしく述べるように，「子ども」をあらわす法律用語が省庁ごとに異なる点である。

[2] 法律用語のなかの「子ども」の規定

●法務省の規定

　少年法第2条第1項に「この法律で「少年」とは，20歳に満たない者をいい，「成人」とは，満20歳以上の者をいう。」とあるように，子どもとは20歳未満の少年と考えられる。ただし，14歳未満と14歳以上では刑事上の責任能力に違いがあり，同じ罪を犯しても，14歳未満の少年では責任能力が問われず「触法行為」，14歳以上では責任能力が問われ「犯罪行為」とされる。また，婚姻（結婚）の可能な年齢は，女子が満16歳以上，男子が満18歳以上（民法第731条）である。未成年者の場合には父母の同意が必要（民法第737条）となっていて，子どもと大人を区分する根拠が二段構えになっているのである。

●厚生労働省の規定

　児童福祉法第4条では，「この法律で，児童とは，満18歳に満たない者をいい，児童を左のように分ける」とあり，「乳児」を「満1歳に満たない者」，「幼児」を「満1歳から，小学校就学の始期に達するまでの者」，「少年」を「小学校就学の始期から，満18歳に達するまでの者」というように下位区分が行われている。この定義により，たとえば「児童虐待」は，18歳までの子どもを対象とする虐待事案ということになる。

●外務省の規定

　「児童の権利に関する条約」は，1989年の国連総会において採択され，1990年に発効し，日本は1994年に批准しているが，その第1条に「この条約の適用上，児童とは，18歳未満のすべての者をいう」と規定されている。その第2条は，「児童又はその父母若しくは法定保護者の人種，皮膚の色，性，言語，宗教，政治的意見その他の意見，国民的，種族的若しくは社会的出身，財産，心身障害，出生又は他の地位にかかわらず，いかなる差別もなしにこの条約に定める権利を尊重し，及び確保する」と差別の全面禁止をうたっている。ちなみに，世界を広く見渡したとき，成人年齢を18歳以下に規定している国が多数派であるということが，子どもを「18歳未満」とした背景にあると考えられる。

●文部科学省の規定

　学校教育法では，幼児・児童・生徒・学生を区分している。その第26条には「幼稚園に入園することのできる者は，満3歳から，小学校就学の始期に達するまでの幼児とする」と規定されている。この規定では，3歳未満の子どもが幼児と呼ばれるのか，そうでないのかがはっきりしない。3歳未満が通う「学校」は存在しないので，

0歳から3歳までについては，名称の規定がないというように解釈することもできる。

以上のように，幼児については学校教育法の条文に明確に示されているが，学校種別の在籍者について，初等教育（小学校）を「児童」，中等教育（中学校，高校）を「生徒」，高等教育（高専，大学）を「学生」と呼ぶことは，学校教育法では自明のこととして表現されているのだが，この年齢区分を定義する条文は，学校教育法には実は存在していない。

● 内閣府の規定

2010年に施行された「子ども・若者育成支援推進法」は，第1条において「この法律は，子ども・若者が次代の社会を担い，その健やかな成長が我が国社会の発展の基礎をなすものであることにかんがみ，日本国憲法及び児童の権利に関する条約の理念にのっとり，子ども・若者をめぐる環境が悪化し，社会生活を円滑に営む上での困難を有する子ども・若者の問題が深刻な状況にあることを踏まえ，子ども・若者の健やかな育成，子ども・若者が社会生活を円滑に営むことができるようにするための支援その他の取組」を推進するとしているが，「児童の権利に関する条約の理念にのっとり」とあるだけで，「子ども・若者」の定義や年齢区分は，条文に書き込まれていない。また，この法律の成立とともに，『青少年白書』は，平成22年度版から『子供・若者白書』に名称変更が行われている。法律は「子ども」なのに，白書は「子供」という表記になっていることも疑問の点である。

以上のように，「子どもとは誰か」について，各省庁が法律にのっとり，どのような行政的関与をするかの議論に基づいて規定されていることはわかるが，見方によっては，わが国の縦割り行政の矛盾が露呈しているともいえる。この節の最後に，発達心理学の標準的な発達区分と，その時期の発達課題をかんたんにまとめておこう。

新生児期：生後4週間。呼吸，体温調節，授乳の開始。
乳児期：1歳半まで。歩行と言語の準備期。
幼児期：6歳の就学まで。身辺の自立と話しことばの基礎。
児童期：小学生の時期。書きことばの基礎。計算能力の発達。
青年期：中学生から20代後半。就職・結婚との折り合い。
成人期：30代から64歳まで。仕事，家庭，子どもの養育。
老年期：65歳から。第二の人生。老化と死。

[3] アンファン・テリブル

「恐るべき子ども」を意味するフランス語の「enfant terrible」は，ジャン・コクト

ー（Jean Cocteau, 1889-1963）が1929年に書いた小説の題に使われた。この本来の意味は，子どものもつ残酷な側面をあらわすものであり，私がこのことばからまず連想するのは，1997年に神戸市須磨区で発生した14歳の不登校中学生による「神戸連続児童殺傷事件（酒鬼薔薇事件）」である。

1997年3月に少年は，公園で遊んでいた小学4年生女児の頭を金づちで殴り（1週間後に死亡），その直後に別の小学3年生女児の腹部を刃物で刺して重傷を負わせた。住民を震撼させた通り魔事件の恐怖がまだ冷めやらない同年5月，少年は弟の同学年の小学5年生男児を人気のない山に連れて行って殺害し，切り取った頭部を自身が通う中学校の正門に遺棄した。その口には「酒鬼薔薇」の署名が入ったおどろおどろしい犯行声明文がくわえさせられていた。私を含め，世間では，この凄惨な事件の犯人が「子ども」であるとは誰も思っていなかったので，14歳の中学生が逮捕されたことは二重におどろきであった。このような事件を起こした14歳児は，はたして「子ども」なのだろうか，それとも大人なのだろうか。

過去はいうまでもなく，現在でも世界の少なからぬ国や地域において，14歳にもならない子どもが大人と同じ過酷な労働条件で働かざるをえなかったり，少女の場合は望まない結婚を強いられたりする者の存在があることを忘れてはならない。児童福祉法や労働基準法などの法律は，まさにそのようなことを防ぐためのものである。

他方，児童労働の禁止規定を厳密にあてはめると困るのは，音楽，演劇，スポーツ，囲碁・将棋などの世界で活躍する少年や少女たちである。14歳で中学生プロ棋士となって29連勝でフィーバーを巻き起こした藤井聡太六段は，対局の日は午前10時から夜遅くまで「働きづめ」になる。しかし，そのことを問題とする意見はなく，彼の活躍は喝采を受けている。私たちは，藤井聡太六段だけでなく，14歳でデビューしたヴァイオリンの五嶋みどり，10歳でテレビドラマ『おしん』の少女時代を熱演した小林綾子，13歳6か月で世界選手権日本代表に選出された卓球の張本智和，12歳で日本スケート連盟の強化選手に選出され世界のトップレヴェルで活躍する本田真凛など，その並外れた才能に「アンファン・テリブル」と感じつつも，子どもが大人以上に活躍することを当たり前のことと受け止めるようになっている。

豊かな価値を創造することも，価値を無残に破壊することもできる「子ども」という存在を，大人はどのように受け止めればよいのだろうか。間口も奥行きも深い「子ども学」の研究には，さまざまな分野の研究者や実践家が参画し，協力して考えていく必要がある。

転換期の社会における子ども研究

|文| 永井 聖二

はじめに

　今日のわが国における子どもと子どもを取り巻く環境についての研究はどうあるべきなのか。結論を先にいえば，学際的なアプローチによる総合性と，政策科学的な課題にも資することができる実践性が求められる。ここで実践性というのは，単に教育や保育の現場での実践にとどまるものではなく，変動する社会のなかで，近代社会型の子どもを取り巻く制度をいかに再構築し，子どもや子育ての支援にどう貢献するか，という課題に応えることを意味する。

　わが国において，1980年代以降，子ども学への関心が高まったのは，この時期からさまざまな子どもの「病理」が「問題」として意識され，危機感を込めて論議されるようになったことを背景としている。また，この時期になると方法論に特徴をもつ既成の科学が，社会の変化や高等教育の大衆化に対応しえないことが次第に明らかになり，国際，情報，人間，さらには子どもといった既成の科学には対応しない新しい学問の分野が求められるようになったことも，その背景である。1970年代の後半から，これらの分野の名を冠する，学部での教育と研究の関係が組織としては明瞭でないアメリカ型の大学をモデルとした学部がわが国に多く設置されるようになったのは，もちろん大学経営上の戦略によるものでもあるが，基本的にはそれが理由である。

　そこで以下では，子ども研究，子ども学とそれを取り巻く社会的背景について整理していきながら，今日の子ども研究，子ども学のあり方について，いくつかの課題を指摘したい。

［1］社会変動と子ども研究

　社会学が，「社会はいかにして成り立つか」を明らかにしようとする科学だとするならば，子どもの社会化（socialization）の問題は，その中心的な命題であったといえるだろうし，事実，デュルケム（Durkheim, É.）以来，社会や文化とのかかわりからこの問題が論じられてきた。直接にこのテーマにかかわる著作としても，（安定した家族の様態を前提としているとしても）すでに1940年代末にはボッサード（Bossard, J. H.S.）による『子どもの発達社会学』があるから，この問題がごく最近になって関心を集めているということではない[1]。

　しかし，これらはどちらかというと比較的安定した社会における子どもの社会化の

問題を明らかにしようとした研究であって，社会変動を強く意識した研究は，1960年代以降を待たねばならなかった。社会構造と子どものかかわりについての研究的関心を刺激したという点では，やはりアリエス（Ariès, P.）の『〈子供〉の誕生―アンシャンレジーム期の子供と家族生活―』（原著1960，邦訳1980）が無視できないものであろう[2]。

周知のように，今日ではアリエスが根拠とした資料については批判があり，実証的な歴史学ではポロック（Pollok, L.A.）の『忘れられた子どもたち』のようなアリエスの主張を否定する研究が支持を集めている[3]。しかし，大人と子どもを社会的に区別し，子ども期を保護されるべきものとする一方，反面で子どもが大人に従属する存在とする近代社会型の子ども観が超歴史的なものではなく，近代社会型のものであることを主張して社会構造と子どもの生活や子どもへのまなざしの変化という物語りの枠組みを提示したことは，その後の子ども研究，とくに子どもを取り巻く社会の転換期における子ども研究を喚起する大きな刺激になったことは確かであろう。

また，子ども研究への関心が高まった背景としては，1960年代後半以降，女性やマイノリティーの解放運動が活発になり，子どもの解放が唱えられるようになった結果，こうした運動に刺激を受けた研究がすすめられたという事情も無視できない。子ども期を「大人との関係において社会構造に位置付けられた関係的存在」ととらえたアムバート（Ambert, A.M.）の研究は，こうした研究的関心を示すものであるが，それは変動の著しい今日の社会の子ども研究の枠組みを示唆するものといえるだろう[4]。

一方，こうした研究の流れのなかで，1970年代後半から1980年代になると，わが国においては研究の対象としての子どもの変化が大きな問題とされるようになり，子どもをめぐるさまざまな「病理」が問題視され，学校の機能障害にかかわる問題が相次いで指摘されるようになった。たとえば，わが国でいじめ問題が教育病理として扱われるようになったのは，1980年代のはじめからであった。こうした子どもの「問題行動」の指摘の背景としては，家族集団や地域社会の変容とともに，この時期においてわが国の社会の消費社会化が顕著になり，情報化の進展とともに従来の大人と子どもの関係が大きく変質していることがある。

消費社会の進展のなかで，子どもたちは，ある意味では環境に適応し，消費者としての「小さな大人」としての性格を強める。そこで形成された消費社会的な子どもの文化は，直接の消費生活だけにとどまらず，消費生活に特徴的な文化を形成する。それは，もともと禁欲的，欲求延期的な原理をもつ近代社会型の学校の原理をおどかすことになるし，さらに情報化の進展は大人の子どもに対する優位性を突き崩し，大人と子どもの境界を不明瞭にする。消費社会化，情報化の進展のなかで形成された子どもたちの実像が近代社会型の子ども観と交錯するとき，そこに転換期の子どもの文化をめぐる「問題」が顕在化することになった。

こうした状況のもとで，今私たちに求められるのは，時系列的な分析軸と比較文化

的な子ども観の分析軸の交差する枠組みのもとで，新たな子ども観と子どもの文化の現状を見据え，大人たちが何をなすべきかという課題を検討することであるといえるだろう。

[2] 子どもをとりまく制度の再構築

では，今日の子ども研究は，どうあるべきなのか。まず指摘したいのは，社会の転換期にありながらそれを顧慮することなく，個人の内面にのみ焦点をあてる教育言説と，結果としてそれに結びつく過度の心理主義への傾斜の問題である。

たとえば，学校におけるいじめの問題についていうと，いじめの被害者と加害者への心理的なケアの必要性を否定するものではないが，この問題に対処するためには，子どもをとりまく制度自体のあり方をも検討する多様なアプローチが必要である。わが国におけるいじめには，仲間外れにするとかシカト（無視）といった集団からの疎外，排除にかかわるものが多い。これに対してアメリカにおけるbullyingは，直接的な身体への暴力を意味する。では，日本のいじめは，なぜ集団からの排除を特徴とするのか。

それを可能にするのは，日本の学校では常に集団との協調が求められ，朝から昼食，下校に至るすべての在校時間を友達と「仲よく」すごすことを求められる状況である。幸いに仲よくできればよいが，そうでない状況が避けられないとき，日本の学校では共同体としての学級のあり方が強調されるあまり，柔軟な科目選択や学習集団の編制，あるいは一人で過ごすことができる仕組みは用意されていない。在校時間のすべてを同じ集団のなかで「仲よく」すごすことが強調されればされるほど，仲間から排除するいじめのストラテジーは効果的なものになってしまう一面がある。

心理主義への傾斜は，意図するか否かにかかわらず，結果として転換期に必要な制度の再構築から目をそらす機能があることに注意することは必要である。学齢による学級編成と学級集団を単位とする指導についても同様に，子どもをとりまく制度を自明視する言説の限界を指摘できるだろう。保育の現場で4歳児クラスと5歳児クラスの発達段階に相応しい指導の必要性が強調されるとするならば，4月生まれと翌年の3月生まれの子どもたちを集団としてまとめて指導することも，当然再検討されるべきであろう。これらの例は，近代社会型であるとともに日本型の制度の問題といえる面もあるが，子どもをとりまく制度を自明，所与の条件として焦点から外し，そこから逸脱した者に対する心理的なケアを強調するいわゆる医療化（medicalization）といわれる特徴をもつ言説と，それを支える研究的視点は，結果として社会変動に対応した子ども支援のしくみの再構築を阻害する機能を果たしていることは指摘せざるを得ない。

［3］学際的研究の必要性

　社会変動のもとで，スタティックな社会を前提とする研究に傾斜することなく，多様な視点が求められるということであるが，それは近年のわが国における子どもと子どもをとりまく大人の生活の変化，多様化と貧富の拡大といった状況のもとでさらに強調されねばならないだろう。

　いうまでもなく，子どもは全体としての人間であるから，もともとその存在を理解するためには多面的な接近が必要である。子ども学が，心理学，社会学，文化人類学など，さまざまな科学の方法論による個別の成果を前提としつつも，子ども学として領域を対象とする学問が成立すべきであるのは，それが理由である。とりわけ子どもの生活，養育環境の多様化が進展する今日の状況のもとでは，それぞれの方法論による諸科学の知見を総合し，より複合的なリアリティーの構成がめざされ，それが転換期の子どもとその周囲の大人の支援に貢献することが不可欠の課題になる。

　もちろん，実践性を志向するあまり方法的な緻密さが等閑にされることがあってはならないし，学際的な研究の必要性についてはすでにしばしば指摘されつつも，その具体的な成果は十分ではない。改めて指摘するまでもなく，パラダイムの違いを超えてそれを統合することは容易ではない。わが国の大学では現在，すでに「子ども学」研究科の博士課程の設置が実現しているが，そうした場で指導教員の専門を超えて総合された子ども研究，子ども学の成果が多く生まれることが期待される。

　住田正樹は，ハンデル（Handel, G.）編の『子どもの社会化』やリチャーズ（Richards, M.）とライト（Light, P.）による編著『子どもの社会的世界』などをあげて，諸科学の成果を総合することを提案している[5]。これらは子どもの発達を社会的な文脈との関連から理解しようとしたものであるが，個別科学における成果の統合への志向は，今日の状況のもとでの子ども研究が目ざさなければならない課題である。心理学，社会学，教育学，文化人類学などの研究者に加えて，保育学や社会福祉学，さらには児童文化や児童文学などを主たる活動の関心とする研究者によっても，研究の交流がさらに活発にすすめられることを期待したい。

参考文献

1) Bossard, J.H.S. The Sociology of Child Development 1948 Harper&Row
2) アリエス『〈子供〉の誕生―アンシャンレジーム期の子供と家族生活』みすず書房，1980（原著，1960）
3) ポロック『忘れられた子どもたち』勁草書房，1988（原著，1983）
4) Ambert, A.M., Sociological Studies of Child Development 1986
5) 住田正樹『子ども社会学の現在』九州大学出版会，2014

「貧困」研究の総合化

|文| 汐見　稔幸

[1] 貧困問題の輻輳化

　子ども学研究のテーマは，社会・文化が急速に変化し多様化しつつあるため，それに影響を受けて変化し多様化している。しかし，研究テーマの変化・多様化が，即，子ども学研究の深化，先鋭化につながっているかというと，そう単純ではない。見方によっては，テーマの限定や方法の確定の面での迷い，とまどいが強くなっている印象もある。

　たとえば，子どもの貧困の研究。子どもの貧困研究は，一部の研究者の努力で活発に行われるようになっている。しかし，これが経済的な相対的貧困の実態とその影響という枠を超えて，子どもの育ち全体を視野において，その影響や克服の道についても研究が進んでいるかというと，そうはいえない。一部に学力問題とリンクさせながら研究しようとする動きはあるが，貧困を個人的な意思，努力などの問題と発想する傾向の強いわが国で，これを客観的な社会問題として議論するには，困難が伴うという事情がある。とくに基礎となるデータを集めるのに特別な工夫，配慮などが必要になる。

　また，子どもの育ちや生き方をめぐって行われている研究の多くが，それが子ども，あるいは若者の貧困問題と深くリンクしている可能性があるという視点で，貧困問題とかかわらせて研究を追求していくという姿勢の研究も，まだしもである。たとえば，子どもの貧困の問題を子どもの体力や運動能力の全般的な低下や育ちの遅れという問題，あるいは若者の引きこもりや子どもたち全般の不登校などの問題とつなげて議論することは，考えてみれば有効であると思われるのだが，実際にはあまり行われていない。さらには，教育の現場を悩ませているいわゆる発達障害の子どもの実態やその背景の問題を貧困問題とリンクさせて把握する志向もあまり生まれていない。

　これらは，現在の社会のシステム化がグローバルに，かつITシステム的に進んでいがるゆえに，社会の問題が，これまでの社会構成理論のカテゴリーを越境して生じているのに，学問の分類や諸カテゴリーがまだ旧い枠組みを超えられないでいるということの反映ともいえる。われわれはあらゆる学問で今，クロスオーバーすること，越境し合うことが問題の本質に近づく可能性をもつ，ということを真剣に考察しなければならない時代を迎えているといえよう。

　筆者は今，そうして諸学問がクロスオーバーしあっていく結節点に「貧困」という

カテゴリーを置くことが必要ではないかという仮説をもっているのであるが、このことについてもう少し述べておきたい。

［2］生活の変容と貧困の多様化

　貧困というカテゴリーをどう定義するかということにもよるのだが、仮にこれを人間の生活や育ちという視点から、「生活や育ちに必要な体験等が十分に得られないでいる状態」というように大きく定義してみよう。この定義自体が論争的な内容を含んでいるのだが、それは今はおいておこう。この視点でいえば、経済的貧困は、お金がないから、必要なものを食べられない、必要な清潔さを保てない、病気のときの治療を十分に受けられないなどの体験のハンディが生じる状態をさすことになる。

　同じように考えると、都市化、モータリーゼーション、車本位の道路化などによって、道路の多くが整備され舗装されて、結果として子どもたちが自由に遊べる場でなくなったこと、あるいは原っぱや河原が少なくなり、あっても管理されていて自由に遊べる場でなくなっていることなどは、貧困といえないだろうか。

　人類の歴史を少しひもとけば、子どもたちは道ばたで遊び、原っぱで大胆な遊びを構想し、河原で生物を追いかけ、路地裏でままごとごっこなどをして遊んだ。これは、ブリューゲル（Bruegel, P.）の「子供の遊戯」という絵を見ればわかるように、500年前のオランダの子どもも同じであった。

　子どもたちは、遊びという生命エネルギーの活性化活動を通じて、身体をしなやかに使うことを覚え、知恵を出し合う楽しみを体験し、小さなメドを立てることを訓練されて大きくなった。家の仕事を手伝わされるという大事な文化参加活動とともに、この自由な遊びは、人類の歴史で長く子どもたちの心身を鍛える「学校」であった。つまり、子どもたちはこれまで「生活」という学校で、将来の社会生活に必要な身体、スキル、知恵、思考力、忍耐力、協働力などを身につけてきたのであるが、翻って現代社会は、こうした具体的で感性的体験が豊かに保障される身の丈に合った「生活」を、子どもの世界から消してしまったということである。

　こうした身体協同的な遊びの場の消滅、具体的世界全体の喪失、具体的活動を保障する環境の消滅、手伝いなど社会が子どもを必要とする活動と関係の消滅なども、子どもがこれまで大人になるのに必要な環境であり条件の消滅、減少といえるのであるから、やはり貧困化といえないか。手伝いなどの仕事の消滅は、子どもから家や家族に貢献するチャンスをなくしつつあり、帰属感や役立ち感という重要な人格特性を身につけることを困難にしている。子どもたちこそ最大の失業者かもしれないのである。

　貧困の問題は、経済的指標で定義されているため、経済面からのみ考えられる傾向が強いが、経済的貧困は、保護者の精神的ゆとりの貧困、人間関係の多様性の貧困、長期的な夢形成（生活設計）の貧困などにすぐにリンクし、子どもたちから見たら、絵本を読んでもらったこともないという文化体験の貧困、いろいろな体験を保障され

て自分探しを支えてもらう体験の貧困，指示的な言葉が多くて，自己を自由に表現してよいという感情を獲得できないという愛情体験の貧困，愛の言葉体験の貧困，総じて愛され体験の貧困などにリンクしやすい。これらは，子どもの心の育ちの貧困にまちがいなく直結している。これを社会全体から見ると，有為な人材を輩出するシステムの崩壊ということに近い問題になる。

［3］AI社会と人間の生き甲斐

　こうして考えると，すぐに気がつくように，こうした貧困化は，ある法則性をもって生じていることがわかる。それはコンピュータの発明・発展によって，人間の行うことが機械に取って代わられる傾向が急速に強くなっていること，人間の行う情報処理もどんどん機械（コンピュータ，人工知能等）によって行われるように変わってきていることに起因する。それによって，教育の世界の方法や内容に大きな変化，変更が必要になってきているということに留まらない変化，たとえば，経済活動の世界に実体経済とは別の金融システムの世界が生まれ，それが世界経済の動向に強く影響を与えるようになってきていること，社会システムのあらゆるレベルにコンピュータによる情報処理が入りこみ，そのシステムをうまく使えない部署は次第に社会から消滅させられる運命になってきていることなどである。大きな情報革命による社会・文化変容によって，その恩恵にあずからないあるいはあずかれない人々や国家が生じているということである。

　周知のように20年後，30年後には，現在の職業の半分はなくなり，うまくいけば今まだ生まれていない職業につく人がもっとも多くなっているといわれている。しかし，うまくいかないと，失業者が急増するようになる。それはいうまでもなく，AIやそれを組み込んだロボットの発達が著しいレベルになっているから，である。自動車を自分で運転する人は少なくなるだろうし，英会話も自動翻訳機をお互いにつければ同時通訳をコンピュータがしてくれるようになるだろうし，家の温度・湿度管理も一度設定しておけば，年中快適な環境を機械が提供してくれるようになるだろうし，仕事も会社に行かねばできないという人は減っていくだろうし，キャッシュレス社会はすぐにあらわれ現金を見たことがないという子どもが大多数になるだろうし，机にコンピュータが組み込まれているので教科書をもち歩く必要もないし，発言も自動的に文字化されていくだろうし……等々という社会になるだろうといわれている。

　それが人間にとって幸せをもたらすものか，それとも逆か，これからの人類は難しい問題を常に抱えて生きる必要がでてくることが予想されるが，この文明傾向は，人間の育ちの世界に確実にある変化をもたらすことだろう。まず，身体をさまざまに使って欲求を満たすということがどんどん減るので，身体を鍛える，しなやかな身体を手に入れる，身体にワザ・文化を刻み込むなどということが困難になるだろうということ。同じように，子どもが自分で頭を使って工夫して目的を達するというきっか

けが減少していくので，自分で考えるという必要性も減っていくこと，そして直接に他者とかかわって用件を済ます，あるいは多様な他者と自由な対話を楽しむというチャンスも減っていくということである。

　こうした文明の進行方向は，身体を使うのが嫌い，自分で考えるのが苦手，人とかかわるのが不安，という人間を大量に育てて行く可能性がある。もしそうなれば，社会は，あるいはその構成員である人間の幸せ実現度は確実に低下していくだろう。身体を使って技を磨く，身体に文化を刻み込んでいく，あるいは自分で懸命に考えて答えを創造する，人によろこんでもらえるように行動する，これらは人類が長い間かかって手に入れてきた幸せ感覚，生き甲斐感の中心的なものであるが，こうした感覚に，現在の文明の進行方向は確実に逆行するものだからである。

　ここから，幼いころにこそ，身体を使うのが大好き，頭を使って考えたり議論するのが大好き，そして人とかかわることが大好き，という人間を育てていかないと人類の未来は危うくなる，という命題が生まれてくる。こうした事柄は長じてから身につけるのが困難だからである。21世紀中盤の社会は，幼児教育のありようが，将来の社会，人類のあり方を決めることになっていく可能性がある。

［4］メディア革命と保育・教育の課題の総見直し

　［2］で述べた種々の貧困は，実は，こうしたメディア革命，情報革命を軸とする社会・文化変容によって，人類のなかに，新たな格差が生じてくる様を現しているのではないだろうか。

　20世紀までは，社会の格差は，身分制を背景にした経済的格差が主要なものであった。しかし21世紀になって，急速に進むメディア革命による社会変化は，経済格差を起点に，生活のさまざまな分野に格差を拡大させてきた。情報社会は，たとえば情報の処理を上手に行える人とそうでない人の間に新たな格差を生み出している。20世紀までの農民にとっては難しい法的手続きは必要のないものであったが，社会が情報によってどんどんシステム化されていくと，そのシステムの構造を知っていたりそれにアクセスできたりしていないと，社会から簡単に疎外されてしまう。種々のリーガルリテラシィを手に入れられない人，あるいは情報に簡単にアクセスできない人は，生活の権利保障の面でも，利便性の獲得の面でも，格差拡大の一方の極に簡単に追いやられてしまう。

　自然に無理なく，また豊かに触れることができる人は，触れることで自分の中にある自然性を活性化させることが容易になるが，そうでない人は人工的世界に適応することが主要になるため，自己の中の自然性（ヒューマンネイチャー）を活性化させることが苦手になる可能性がある。これは人間の尊厳や幸せ感にじわじわと影響を与える可能性があり，長い歴史のなかで一貫して自然が欠かせなかった人類にとって，自然と具体的に触れることが十分にできないでいることは，どうした問題として現れる

か，大いに興味があることであろう。発達障害といわれる状態も，こうした視点で見ると新たな見え方ができる可能性があると思われるが，いずれにしても，情報革命，メディア革命による社会変化のなかで，人間的自然の活性化の貧困ということが起こることは十分に予想される。

　すでに21世紀の中盤・後半には，従来の意味では大部分の人が失業するようになるという研究もあり，人類はどういう生き方を選択しなければならないか，急いで議論を始めなければならないだろう。そうした社会で，必要なことに接近できなかったり，その条件に恵まれなかったりすると，確実に貧困に陥ってしまうが，その貧困化が経済生活以外のあらゆる面で起こる可能性があるのが，近未来ではないかということである。

　これからの子ども研究を情報革命，メディア革命の進展とそれがもたらす社会・文化変容という枠組みで見てみる。そうすることで，子どもの育ちと育ての課題がより鮮明になってくると思われるが，それを別の角度から見ると，子どもの貧困，人間の貧困の問題が急速に多様化していく事態になるということである。

　そうした意味で，貧困をキーワードに，しかしその貧困を，社会文化変容という大きな枠組みで考えていく，そうしたなかで，子どもはどうなっていく可能性があるのか，子どもたちの育ちと育てにどうした工夫と努力が必要になるのか，等々を考えることが，これからの子ども学研究の重要な柱になっていくのではないかと筆者などは思っている。新たな社会科学が必要になっているといってもよいだろうが，その社会科学にとって子ども研究が不可欠の部分を構成するだろうということである。

特集1

子どもは日本語を どう獲得するのか

ことばとは，人が音声，文字を用いて思想・感情・意志などを伝達するために用いる記号の体系とされている。人は，ことばによって意思を伝達し（コミュニケーション），抽象的な思考が可能になり，結果として社会的，文化的な活動が行われている。

本特集では，子どもたちが日本語をどうやって獲得しているのかをテーマとした。さまざまなアプローチがあるなか，異なる文化的な背景をもつ集団の比較から擬音語の発達について研究した論考と，1920年の大正期に発生した綴方による表現指導をあつかった歴史研究を収録した。

第1章
日本語の擬音語"感覚"の発達
|文| 針生 悦子

第2章
1920年代後半からの綴方における表現指導
―構想と描写の指導に着目して―
|文| 杉山 実加

日本語の擬音語"感覚"の発達

|文| 針生 悦子

1. はじめに

　とある冬の日，保育園の3歳児クラスで，園庭から教室に戻ってきた子どもに，保育者が次のように話しかけるのを見た。
　「お外から帰ってきたら，うがいでしょ。ブクブクペじゃなくて，ガラガラペよ。」
　こちらは一瞬，何のことかわからず呆然としたが，言われた子どもは，別にとまどう様子もなく，すぐ水場に行き，水を口にふくむと上を向いて口をあけ，うがいを始めた。
　このように大人は子ども，とくに幼児に向かって話すとき，擬音語や擬態語を多用する（宮﨑・岡田・針生・今井，2010）[1]。それはまるで，普通の単語は，相手がその意味を知らなければ何の用もなさないが，擬音語や擬態語なら（それを耳にするのは，はじめてであったとしても，われわれ人間は皆，そのような言語の音に対して共通のイメージを持つので）こちらの言いたいことがうまく伝わる，と考えているかのようだ。
　実際にこれまでの研究でも，確かにいくつかの言語音については，人間は共通のイメージを持つことが示されてきた。たとえば，Sapir（1929）[2]は，英語話者に「malとmil，どちらもテーブルのことなのだが*1，malはmilより大きなテーブルか，小さなテーブルか」とたずね，たいていがmalは大きなテーブルだと答えることを見いだしている。そして，このように/a/という母音を含む語は，/i/を含む語より大きなものを表していると感じるのは，英語話者に限ったことでもなければ（Bentley & Varon, 1933; Ohtake & Haryu, 2013; Tarte, 1974; Tarte & Barritt, 1971）[3][4][5][6]，成人に限った

＊1　malもmilも英語に実在しない，架空の語。

ことでもない（Peña, Mehler, & Nespor, 2011）[7]。

　ほかに，/takete/や/kiki/といった言語音（語）が，丸みを帯びた図形よりは角張って尖った図形にマッチしていると感じるのは，さまざまな言語を母語とする成人（Davis, 1961 ; Irwin & Newland, 1940 ; Köhler, 1947 ; Ramachandran & Hubbard, 2001 ; Westbury, 2005）[8] [9] [10] [11] [12] だけでなく，3歳児（Maurer, Pathman, & Mondloch, 2006）[13] や生後4か月の子ども（Osturk, Krehm, & Vouloumanos, 2013）[14] でも同じであるらしい。このように，ある特定の言語音に対しては，人間はみな同じようなイメージを抱いている，ということは確かにある。

　しかし，その一方で，たとえば，ヤギの鳴き声は日本語ではメェだが，英語ではbaaであるように，聞いた音をそのままなぞって表現しているつもりの語（の音）が，言語によって違うということもめずらしくない。日本語を外国語として学習する人々も，日本語の擬音語や擬態語（の音）が，どのような様子を表すのかは，なかなか実感を持って理解できるようにならないという（e.g., 苧阪, 1999）[15]。ここからわかるのは，実際の擬音語や擬態語は，人間なら誰でもその音を聞いたら共通のイメージを抱く，といった音だけでできているわけではない，ということである。

　それでもいつしか，その言語を母語とする人々にとって，擬音語や擬態語（を構成する音）とイメージとの結びつきは，あまりに自然で，その音を聞いたら誰もが同じように感じるに違いないと思いこむほどのものになっている。だから，まだ語彙が少ない子どもにもそれを使って話しかければ通じるように思われ，子どもに向かって多用することにもなっているのだろう。

　では，もともとは，人間なら誰でもその言語音に対しては同じイメージを抱くといった象徴的意味（音象徴）を持つわけでもなかった擬音語の音について，母語話者がそこまで感じるようになっていく，その過程とはどのようなもので，それに寄与している経験とは具体的にどのようなものなのだろうか。

　筆者たちは，この問題について考えるため，大きな太鼓の音は「ドンドン」，小さな太鼓の音は「トントン」と表現する場合のように，子音の有声性に関して対になった擬音語のうち，有声音（濁音）の擬音語（この例では「ドンドン」）は，無声音（清音・半濁音）の擬音語（「トントン」）より大きな対象から発せられる音を表すとする，日本語の擬音語に広く見られるルールを取りあげた。「広く見られる」というのは，このルールで，ドンドン/トントンのほか，ガチャン/カチャン，バリン/パリンなど，有声音と無声音が対になった多くの擬音語の大小の"感じ"を説明できるからである。日本語話者には，ごく自然に感じられ，これだけ日本語のなかで広く見られるのであれば，この音の"感じ"は，日本語以外を母語とする人にも共有された感覚なのではないか。

　筆者らもそのように考えて，中国語母語話者でこのような擬音語の理解を検討したのだが，結果としてわかったのは，この"感覚"は，日本語を母語としない人々には

必ずしも共有されていないということだった（針生・趙，2007）[16]。そこで，以下では，その発端となった日中比較研究について紹介したあと，筆者たちが日本語を外国語として学習する日本語非母語話者や日本語環境で育つ子どもを対象に行ってきた研究を概観しながら，擬音語の音に対する"感覚"がつくられていく過程や，そこに影響をおよぼしている経験について考察していきたい。

2. 研究①：擬音語理解の日中比較

日本語では，子音の有声性に関して対になる擬音語のうち，有声音（濁音）の擬音語（e.g.,「ドンドン」）は，無声音（清音・半濁音）の擬音語（e.g.,「トントン」）より大きな対象から発せられる音を表す。このような感じ方は，日本語母語話者だけでなく，日本語以外を母語とする人々にも共有されているのだろうか。

このことを調べるために，筆者らは，中国語が母語で日本語の知識がない学生（中国人一般学生）と，中国語が母語だが大学で日本語を専攻している学生（日本語専攻学生）を対象に，有声音と無声音で対になった擬音語の理解をみる課題を実施し，日本語母語話者（日本人学生）のパフォーマンスと比較した（針生・趙，2007，実験1）[16]。具体的には，「ドンドン」と「トントン」のように，有声音と無声音が対になった擬音語を呈示し，それらの擬音語は，大きな音源物体（e.g., 大きな太鼓）と小さな音源物体（e.g., 小さな太鼓）のどちらに対応するかを判断してもらった。

なお，ここで，実在する擬音語について対応づけを求めるだけなら，それらの擬音語の"知識"を問うことはできても，そのような擬音語の音についての一般的な"感覚"を調べたことにはならないだろう。そこで，中国人一般学生，日本語専攻学生，日本人学生，それぞれの群の半数の者には実在の擬音語ペアで（実在条件），残り半数の者には実験のために新たに作成した新規の擬音語ペアで（新規条件），対応づけ判断を求めた。新規の擬音語としては，実在条件の擬音語ペアの子音部分を別の子音に代えて，通常そのような様子を記述するのにそのような擬音語は用いられないがペア間で有声性の対比は保たれているものを作成した（表1）。

擬音語の対応づけの判断は，実在条件，新規条件，いずれの条件の参加者にも，表1に示したような7つの擬音語ペアについて判断を求めた。各ペアのために，音源物体の大きさが異なること以外は同じ2つの絵が横に並べられた図版を用意した。その例を図1に示す。図版と対応づけてもらうための擬音語は，日本語母語話者（女性）の擬音語発話を録音し，そのなかから，有声音の擬音語と無声音の擬音語でできるだけ声の高さ（平均基本周波数）と強さ（音圧）に関して差のないペアを選んだ。

課題を実施する際は，ノートパソコンのモニター上に図版を呈示し，参加者に対し

表1　実験で呈示された絵と擬音語

絵の内容	2つの絵の違い	実在条件の擬音語ペア	新規条件の擬音語ペア
ネズミが花瓶をわる	花瓶の大きさ	ガチャン　カチャン	ダチャン　タチャン
豚がころがる石を追う	石の大きさ	ゴロゴロ　コロコロ	ドロドロ　トロトロ
リスが木の実をかじる	木の実の大きさ	ガリガリ　カリカリ	ザリザリ　サリサリ
猫がボールをつく	ボールの大きさ	ボンボン　ポンポン	ゴンゴン　コンコン
兎がビスケットを食べる	ビスケットの大きさ	ボリボリ　ポリポリ	ゾリゾリ　ソリソリ
猿が太鼓をたたく	太鼓の大きさ	ドンドン　トントン	ゾンゾン　ソンソン
犬が蛇口から水を出す	水滴の大きさ	ボタボタ　ポタポタ	ゾタゾタ　ソタソタ

てはまず，そこに描かれた2つの絵はどちらも同じことをしている場面を描いているが音源物体の大きさだけが異なることを確認した。その上で，あらかじめ録音しておいた有声音と無声音の擬音語の音声を聞かせ，どちらの擬音語がどちらの絵の音を表しているかの判断を求めた。

図1　呈示された図版の例

　結果として，有声音を大きな対象へ，無声音を小さな対象へと対応づける反応（対応づけ反応）の出現率（％）は，日本人学生，日本語専攻学生，中国人一般学生の順に多いことが見いだされた（図2）。

　日本人学生では，擬音語の実在，新規にかかわらず，対応づけ反応は100％に近く，日本語母語話者において，有声音と無声音がそれぞれ大小を表すといったイメージは，既知の擬音語に限定されない"感覚"となっていることが示唆された。

　中国人一般学生における対応づけ反応の出現率は，新規条件では偶然（チャンスレベル，この場合は50％）と変わらないレベルだったが，実在条件ではチャンスレベルより統計的に有意に高いものだった。ただし，この実験の終了後に，実在条件の参加者から，有声音の擬音語のほうが無声音の擬音語より"強く"聞こえたとの感想が寄せられたため，無声音の擬音語音声のほうが有声音の擬音語音声より若干強めに聞こ

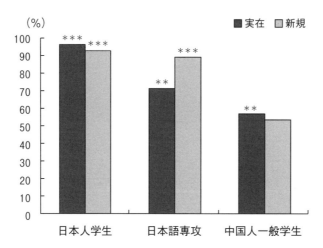

図2　各言語グループ，条件ごとの対応づけ反応の出現率　　＊＊＊p <.001, ＊＊p <.01

えるくらいに実在条件の擬音語音声の音圧（音の強さ）を調整したあと，別の中国人一般学生を対象としてフォローアップ実験を行った（針生・趙，2007，実験2）[16]。

　すると今度は，無声音の擬音語をより大きな対象に対応づける反応の率が，チャンスレベルより有意に高いものになった。このように，日本語知識のない中国語母語話者は，その場で擬音語音声がどれだけ強く聞こえたかに判断を左右されており，有声音と無声音をそれぞれ大小に対応づけるような明確な"音のイメージ"は持っていないと考えられた。すなわち，有声音と無声音がそれぞれ大小を表すといった"音の感覚"は日本語固有のものであることが示唆された。

　他方，日本語専攻学生のパフォーマンスは，日本人学生と中国人一般学生の中間で，実在条件，新規条件とも，対応づけ反応の出現率はチャンスレベルより有意に高いものであった。ここから，日本語専攻学生が，習った知識や語彙，あるいは日本語になじんできた時間のなかに，有声音と無声音についての"感覚"がある程度わかるようになる経験があったことが示唆される。

　そこで次の研究では，具体的にどのような知識や経験が有声音と無声音を大小に対応づける"感覚"の形成に寄与しているのかを調べるため，中国の大学で日本語を専攻する2年生と4年生を対象に擬音語対応づけ課題を実施し，日本語専攻学生の"発達過程"を検討することにした。

3. 研究②：日本語学習経験の影響

　中国語を母語とし大学で日本語を専攻する2年生と4年生に，研究1と同じ擬音語対応づけ課題を実施した（針生・趙，2007，実験3）[16]。ただし，実在条件の刺激音声は，実験1のフォローアップ実験のもの（無声音の擬音語音声が有声音の擬音語音声よりやや強く聞こえるもの）を用いた[*2]。ほかに，擬音語の知識についても調べるために，各擬音語ペアでの対応づけ判断のあと，そのように判断した理由の記述を求めた。

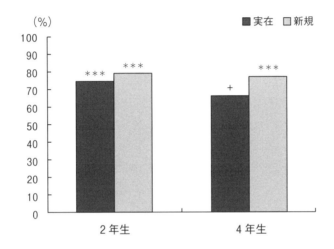

図3　日本語専攻2年生と4年生の各条件における対応づけ反応の出現率

＊＊＊ p <.001，＋ p <.10

　結果，各群の対応づけ反応の出現率（図3）は，（有意傾向であった4年生実在条件を除き）チャンスレベルより有意に高いものだった。群間の比較では，2年生と4年生の間，また，実在条件と新規条件の間，いずれにも差は見られなかった。
　実在条件では，課題で呈示された個別の擬音語を参加者が知っている場合があったので，"知っている"とされた擬音語ペアを除いて対応づけ反応の出現率を計算しなおしたが，それでも対応づけ反応の出現率はチャンスレベルより有意に高かった。また，判断の理由として，有声音と無声音が対になっている擬音語はそれぞれ対象の大

＊2　結果（図3）を見ると，（統計的に有意な差ではないものの）2年生でも4年生でも，新規条件のほうが実在条件より対応づけ反応は多めになっている。これは，この研究の実在条件で，（中国人一般学生に対するフォローアップ実験で用いた）無声音の擬音語のほうが有声音の擬音語より強めに聞こえる刺激音声を使ったことの影響であるかもしれない。

小を表す，という日本語の擬音語のルールに言及する者もおり，そのような参加者は確かに100%の確率で，有声音と無声音の擬音語をそれぞれ大小の物体に対応づけていた。

ただし，そのような参加者を除いて算出しても，対応づけ反応の出現率は，（もともと対応づけ反応の出現率がほかの群に比べると低めであった）4年生実在条件以外のすべての群においてチャンスレベルより上であった。

このように日本語専攻の学生のなかには，実在の擬音語ペアをいくつか知っている者もいた。有声音と無声音はそれぞれ大小に対応づけられる，という日本語の擬音語のルールを知っている者もいた。そして，それらの知識は日本語専攻学生の全体としてのパフォーマンスを多少は押しあげていたかもしれない。しかし，"知っていた"と報告された擬音語ペアにおける回答を除いて計算しても，また，ルールを知っていた者を除外して計算しても，対応づけ反応の出現率は，たいてい相変わらずチャンスレベルより上だった。すなわち，日本語専攻学生のチャンスレベルを越えるパフォーマンスは，日本語を学ぶ中で個別具体的な擬音語を知るようになるとか，日本語の擬音語におけるルールについて教わる，といったことだけでは説明しきれないものだった。

では，ほかに何が，日本語専攻学生のパフォーマンスを，チャンスレベルを越えるものに押しあげていたのだろうか。2年生と4年生の間でパフォーマンスに差が見られなかったことを考えるなら，チャンスレベル越えのパフォーマンスは，日本語の語彙が増えるとか日本語に触れる時間が長くなるといったことで，じわじわと実現されるものではなさそうだ。むしろ，そのきっかけは，日本語専攻の学生たちが学習の最初期に習う，ごく基礎的な日本語知識のなかにあったのではないか。

その具体的な候補としては，少なくとも次の2つを指摘することができるかもしれない。まず，中国語とは異なる日本語の発音の仕方を習うことの影響である。日本語の有声音/無声音は，おおよそ中国語の無気音/有気音に対応させて考えることができるが，発音するときに力がこもるのは，日本語では無声音（[p] や [k] など）より有声音（[b] や [g] など）であるのに対して，中国語では息を勢いよく吐き出して発音する有気音（[ph] や [kh] など）のほうである。このように中国語と異なる日本語の発音の仕方を習えば，日本語において有声音や無声音にあてられているイメージへのなじみが生じるのかもしれない。

第二に，日本語のかな文字表記システムを習うことの影響も考えられる。日本語のかな文字は，濁点の有無によって，有声音と無声音の対比を明示するシステムになっている。このような表記システムは，有声性において対になる擬音語どうしの関係だけでなく，そのような擬音語対においてどちらがどのような対象に対応づけられるかというルールも，見えやすくするだろう。そして，日本語環境で育つ子どもたちも，まさに，これらの情報に触れながら成長していくのだといえる。

そこで，研究3では，日本語環境で育つ子どものなかで，有声音と無声音はそれぞれ大小を表すと感じられる"感覚"が育まれていく発達の過程を，かな文字（とくに，濁音文字）習得との関連も見ながら検討することにした。

4. 研究③：日本語環境で育つ子どもにおける擬音語"感覚"の発達

日本語環境で育つ子どものなかで，有声音と無声音で対比される擬音語を大小のイメージに対応づける"感覚"の獲得は，どのような発達過程をたどるのか。また，その過程で，かな文字知識は何らかの寄与をなしているのか。これらのことについて検討するために，日本語環境で育つ4歳児と6歳児を対象に，擬音語対応づけ課題（実在条件，新規条件）と，かな文字をどれだけ読むことができかを調べる課題を実施した（針生，2010）[17]。

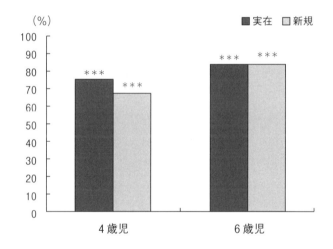

図4　4歳児と6歳児における対応づけ反応の出現率　　　＊＊＊ p <.001

その結果，年齢・条件ごとの対応づけ反応の出現率は図4のようになった。条件による差は見られず，年齢差のみが統計的に有意だった。すなわち，6歳児に比べて4歳児では，有声音と無声音をそれぞれ大小に対応づける反応は少なかった。それでも対応づけ反応の出現率は，すべての年齢・条件群においてチャンスレベルより有意に高かった。

次に，濁音文字についての知識と，対応づけ課題におけるパフォーマンスとの関連について検討した。ただし，6歳群ではほとんどの子どもが濁音文字を読むことができるようになっていたため，4歳児を分析対象とした。実在条件と新規条件の4歳

児をそれぞれ，濁音文字が少なくとも1つ[*3]は読めるか，1つも読めないかで，濁音文字知識あり群，知識なし群に分け，それぞれの群の対応づけ反応の出現率を算出した（図5）。

対応づけ反応の出現率は，濁音文字知識あり群では，実在条件と新規条件の間で変わらないが，濁音文字知識なし群においては，新規条件のほうが実在条件より低くなっていた。

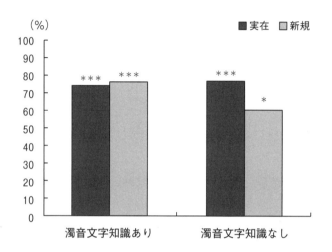

図5　濁音文字知識の有無による対応づけ反応の出現率　　　＊＊＊ p <.001, ＊ p <.05

このように，日本語環境で育つ子どもは，少なくとも4歳までには，有声音と無声音をそれぞれ大小に対応づけるような"擬音語の感覚"を身につけ始めていることがわかった。このうちの実在条件の結果は，生活のなかでそれらの擬音語に出合い意味を学んできたから，ということで説明できるかもしれない。しかし，新規条件でも対応づけ反応の出現率はチャンスレベルより上であったとの結果は，4歳児がすでに，はじめて出合う新規な擬音語でも，同じルールで理解しようとするようになっていることを示唆している。

そして，濁音文字の知識があると，新規条件での対応づけ反応の率は，実在条件と同レベルにまで増える。ここから，既存の具体的な擬音語で学習したイメージを，はじめて耳にする擬音語ペアの解釈にも拡大適用するようになっていく，この一般化のプロセスにおいて，濁音文字知識は一定の寄与をなしているといえるだろう。

＊3　濁音文字が読める場合には，対応する清音文字も読むことができたので，濁音文字が1文字読めたということは，濁音文字と清音文字のペア1組について読むことができるようになっていた，ということである。

5. 研究④：子どもたちが耳にしている擬音語発話とその効果

　研究3では，有声音と無声音の擬音語の"感覚"がつくられていく過程で，かな文字，とくに濁音文字の習得が一定の役割を演じていることが示唆された。しかし，この研究で同時に見いだされたのは，濁音文字を習得していない4歳児でも，チャンスレベル以上の確率で，有声音と無声音の擬音語を（しかも，その擬音語は，はじめて耳にするものだったとしても）それぞれ大小に対応づけるということだった。

　ここから，日本語環境で育つ子どもは，かな文字を習得する以前に，有声音と無声音をそれぞれ大小のイメージに対応づけるような一般的な感覚を身につけ始めていることがわかる。では，この段階でこの"感覚"を育んでいる言語環境とはどのようなものなのだろうか。

　本稿でも3節の最後において，日本語学習者も，日本語の有声音と無声音の発音の仕方を明示的に習うことで，日本語でそれらの音に割り当てられているイメージに対して，少しなじんだ感じになるのではないかと指摘した。同じように考えるなら，日本語環境で育つ子どもも，日本語の有声音と無声音の発音を聞き，自らもそれらの発音を身につけるなかで，日本語の有声音と無声音のイメージを育んでいっている可能性がある。

　そもそも，言語に固有の発音ということではないが，これまでの研究でも，話し手は，対象の大きさに（とくにそれを強調して）言及するときには，その特徴に合わせた声の強さや高さで話す（Herold, Nygaard & Namy, 2012; Nygaard, Herold & Namy, 2009）[18)][19)] し，そのような音響特性を備えた発話からであれば，聞き手はその意味するところを容易に推測することができる（Herold, Nygaard, Chicos, & Namy, 2011; Hupp & Jungers, 2013; Nygaard et al., 2009）[20)][21)][19)] ということは，繰り返し示されてきている。

　たとえば，新奇な語seebowを"大きい"という意味で発話するよう求められると，その声は，（同じ語を"小さい"という意味で発話する場合に比べて）低く強いものになり，聞き手はその発話から（もちろんseebowという語の意味はわからなくても）話し手が意図しているのは大きいほうのことだとわかるのである（Nygaard et al., 2009）[19)]。とすれば，日本語で，有声音や無声音の擬音語を使って子どもに話しかけるときも，大人はこのように対象の大小に合わせた声を使っており，それが子どもの擬音語理解を助け，ひいては，音に対する感覚を養っているのではないか。

　このような問題意識から，筆者たち（梶川・針生，2016）[22)] は，大人が子どもに話しかけるときの擬音語音声の音響特性を分析した。具体的には，まず，研究1～3で使用した図版に文章をつけ，それを母親が1歳前後の子どもに向かって読み聞かせる

音声を収録した。

　読みあげられた文章には，たとえば，図1の図版であれば，小さな音源物体に関連した出来事を述べる文として「こちらのネズミは，小さな花びんをカチャンって割ってしまいました」（'小'文）が，大きな音源物体に関連した出来事を述べる文としては「もう1匹のネズミは，大きな花びんをガチャンって割ってしまいました」（'大'文）が含まれており，その発話から，"小さな/大きな"という連体詞の部分，それに続く"X（音源物体の名称）を"という部分（e.g.,「花びんを」），そして擬音語の部分（e.g.,「ガチャン」）を切り出し，音の強さ（音圧，dB）と高さ（平均基本周波数，Hz）を測定した。

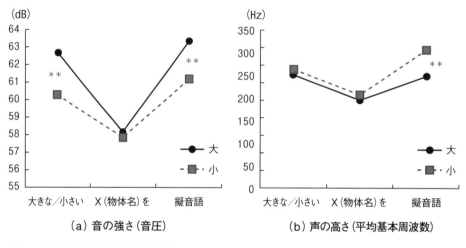

（a）音の強さ（音圧）　　　　（b）声の高さ（平均基本周波数）

図6　母親の発話の各部分の音響特性　　　　　　　　　　　　　　　＊＊ p <.01

　発話の各部分の音響特性は図6に示す。ここからわかるように，物体名に言及する声は，'大'文と'小'文の間で，音の強さにも高さにも違いはなかった。しかし，連体詞は「大きな」と言うときのほうが，「小さな」と言うときより強い声になっていた。さらに，擬音語の部分は，有声音の擬音語を言うときのほうが無声音の擬音語を言うときより強い言い方になっているだけでなく，低い声にもなっていた。このように，母親は子どもに話しかけるとき，記述する対象の大小に応じた"声の演技"を行っていた。そして，それがもっとも豊かに演じられるのが擬音語の部分だったのである。

　そこで次に筆者ら（梶川・針生, 2016）[22]は，このような"声の演技"は子どもたちの擬音語理解を助けているのかについても調べてみた。具体的には，擬音語獲得途上と思われる3歳児を対象に，研究1～3の擬音語対応づけ課題の実在条件を実施した。

　その際，無声音の擬音語と有声音の擬音語で，声の高さはほぼ同じにそろえた条件（オリジナル条件）のほかに，無声音の擬音語では有声音の擬音語より声が高くなるよ

う音声刺激を調整した条件（音声調整条件）を設定した。結果として，半分以上の擬音語ペアにおいて正しく有声音と無声音を大小に対応づけられた子どもは，オリジナル条件では全体の40％弱だったのに対して，音声調整条件では80％以上になった（詳しくは，梶川・針生，2016を参照のこと）[22]。

このように，大きな物体からの音を表すときにはより低い声で，小さな物体からの音を表すときにはより高い声で，といった"声の演技"は，擬音語の理解がまだ十分でない時期の子どもの発話理解を助けていることが示された。

6. 擬音語の"感覚"はどのようにつくられるのか

本稿では，擬音語の"音"とそのイメージとのつながりは，どのような経験のなかでつくられるのかについて考えるため，筆者らが，日本語学習者や，日本語環境で育つ子どもを対象に行ってきた研究を概観してきた。

そもそもの始まりは，有声音と無声音がそれぞれ大小を表すという，日本語の擬音語の"音"のイメージは，日本語を知らない人々には必ずしも共有されていないとわかったことだった。それにもかかわらず，大学で数年間日本語を学習した学生たちは，日本語母語話者ほどでないにせよ，このような"感覚"が少しわかるようになっているかのような課題パフォーマンスを示すようになる。そのパフォーマンスは，統計的に"偶然に当たった（チャンスレベル）"ということでは説明できないレベルなのである。

日本語専攻学生のこの感じ方には，日本語についてのどのような知識，経験が影響しているのか。そのように考えて詳しく調べて見ると，日本語専攻学生のなかには，日本語の擬音語では，有声音は大きな対象を，無声音は小さな対象を表す，というルールを知っている者もおり，確かに彼らの課題でのパフォーマンスは100％だった。また，実在条件で使用された擬音語ペアのうちいくつかを「知っていた」と回答した学生もいた（ただし，「知っていた」とされた擬音語ペアにおける対応付け反応の出現率は，100％ではなく76.2％だった）。それで，対応づけ反応の出現率を，ルールを知っていた学生を除き，「知っていた」と報告された擬音語ペアでの回答を除いて算出したが，それは相変わらずチャンスレベルより上だった。

さらに，日本語専攻の2年生と4年生の間でも，対応づけ反応の出現率に差は見られなかった。学習年数が長くなれば日本語の語彙も増えると考えられたし，実際に，実在条件の擬音語ペアで「知っている」と報告された事例数は4年生では2年生の約3倍だった。しかし，課題パフォーマンスには，学年差が見られなかったということから，日本語学習者における，有声音と無声音を大小に対応づける"感覚"は，語彙

や日本語接触時間の増加にともない，じわじわと強まるようなものでないことがうかがわれた。むしろ，日本語における有声音と無声音の発音の仕方やかな文字表記など，最初期に学習するだろう日本語の基礎知識によって，一定レベルの理解が生じるようなものだと考えられた。

実際，これらのことを念頭において，日本語環境で育つ子どもの擬音語理解の発達について調べてみると，擬音語を使って子どもに話しかけるとき，大人は，描出しようとしている対象の大小にそった"声"を使い，そのような"声の演技"は，擬音語理解がまだ十分でない段階の子どもが，話し手の言った擬音語がどのような対象のことを表しているのかを推測する助けになっていた。また，かな文字，とくに濁音文字の習得は，子どもの知識のなかにある，有声音と無声音が対になった擬音語のイメージを，はじめて出合った擬音語の解釈にも適用できる一般的な感覚として定着させていく過程で，一定の役割を果たしていることも示唆された。

日本語環境のなかで育つ子どもについてのこれらの結果は，日本語の発音の仕方やかな文字を習うことで，日本語学習者にも有声音と無声音で大小を表す音のイメージがある程度わかるようになる，という考察が，あながち外れていなかったことを示しているように思われる。すなわち，擬音語の音の"感覚"形成に寄与している知識や経験の内容を項目にして並べてみれば，その項目立ては外国語として日本語を習う人々にとっても，日本語環境で育つ子どもたちにとっても，同じようなものになるのかもしれない。

しかし，日本語学習者は，知識として凝縮されたエッセンスを短期間に習う。それに対して，日本語を母語として獲得していく子どものまわりでは，擬音語（の音）が一貫したイメージに対応づけて用いられ，しかも，その発話には対応づけを補強するような"声の演技"が付随する。そういった環境のなかで，子どもは人生最初の数年を過ごし，そのあとになって，聞いていた言語の音を書き表す（かな）文字を知り覚える。このように改めて見直してみれば，日本語学習者と日本語環境で育つ子どもでは，必要な情報に触れる時期や順序，期間，触れ方などがすべて異なっている。

その意味で，母語話者の，この事象はその言語音でこそうまく表現できると一致して感じる，そのような（言語）音の"感覚"について説明しようとするなら，必要な知識や経験を項目として列挙するだけでなく，それらが与えられる時期や状況，その量や環境内での分布にまで目配りする必要があるのだと思われる。

引用文献

1）宮﨑美智子・岡田浩之・針生悦子・今井むつみ「対成人・対幼児発話におけるオノマトペ表出の違い」『電子通信情報学会技術研究報告』TL2010-6, 2010, 27-31
2）Sapir, E. (1929). A study in phonetic symbolism. *Journal of Experimental Psychology*, 12, 225-239.
3）Bentley, M., & Varon, E.J. (1933). An accessory study of "phonetic symbolism." *American Journal of Psychology*, 45, 76-86.

4） Ohtake, Y. & Haryu, E.（2013）. Investigation of the process underpinning vowel-size correspondence. *Japanese Psychological Research*, 55, 390-399.

5） Tarte, R.D.（1974）. Phonetic symbolism in adult native speakers of Czech. *Language and Speech*, 17, 87-94.

6） Tarte, R.D., & Barritt, L.S.（1971）. Phonetic symbolism in adult native speakers of English: Three studies. *Language and Speech*, 14, 158-168.

7） Peña, M., Mehler, J., & Nespor, M.（2011）. The role of audiovisual processing in early conceptual development. *Psychological Science*, 22, 1419-1421.

8） Davis, R.（1961）. The fitness of names to drawings: A cross-cultural study in Tanganyika. *British Journal of Psychology*, 52, 259-268.

9） Irwin, F.W., & Newland, E. 1940 A generic study of the naming of visual figures. *Journal of Psychology*, 9, 3-16.

10） Köhler, W.（1947）. *Gestalt psychology*（2nd edition）. New York: Liveright.

11） Ramachandran, V. S. & Hubbard, E.M.（2001）. Synaesthesia: A window into perception, thought, and language. *Journal of Consciousness Studies*, 8, 3-34.

12） Westbury, C.（2005）. Implicit sound symbolism in lexical access: Evidence from an interference task. *Brain and Language*, 93, 10-19.

13） Maurer, D., Pathman, T., & Mondloch,C.J.（2006）. The shape of boubas: Sound-shape correspondences in toddlers and adults. *Developmental Science*, 9, 316-322.

14） Osturk, O. Krehm, M., & Vouloumanos, A.（2013）. Sound symbolism in infancy: Evidence for sound-shape cross-modal correspondences in 4-month-olds. *Journal of Experimental Child Psychology*, 114, 173-186.

15） 苧阪直行『感性のことばを研究する』新曜社，1999

16） 針生悦子・趙麗華「有声音と無声音を大小に対応づける感覚の起源：擬音語理解の日中比較」『心理学研究』78，2007，424-432

17） 針生悦子「幼児における擬音語の埋解：濁音文字知識に注目して」『教育心理学研究』58，2010，275-284

18） Herold, D.S., Nygaard, L.C., & Namy, L.L.（2012）. Say it like you mean it: Mothers' use of prosody to convey word meaning. *Language and Speech*, 55, 423-436.

19） Nygaard, L.C., Herold, D.S., & Namy, L.L.（2009）. The semantics of prosody: Acoustic and perceptual evidence of prosodic correlates to word meaning. *Cognitive Science*, 33, 127-146.

20） Herold, D.S., Nygaard, L.C., Chicos, K.A. & Namy, L.L.（2011）. The developing role of prosody in novel word interpretation. *Journal of Experimental Child Psychology*, 108, 229-241.

21） Hupp, J.M. & Jungers, M.K.（2013）. Beyond words: Comprehension and production of pragmatic prosody in adults and children. *Journal of Experimental Child Psychology*, 115, 536-551.

22） 梶川祥世・針生悦子「擬音語発話音声の高さが幼児の語認知に及ぼす影響」『認知科学』23，2016，37-48

[第2章]

1920年代後半からの綴方における表現指導
―構想と描写の指導に着目して―

|文| 杉山　実加

はじめに

　本論文の目的は，1920年代後半から小学校での綴方においてどのような表現指導が行われていたのかを明らかにすることである。とくに構想と描写に関する指導に焦点をあて，各府県の師範学校附属小学校の実践をはじめ，生活指導を重視した綴方教育だけでなく，表現指導を重視した綴方教育における指導内容も分析に含めることで，当時の綴方教育の展開を究明するものである。

　綴方とは尋常小学校および高等小学校での国語科に含まれる科目の一つであり，作文を指導する科目であった。1903（明治36）年に小学校令が改正され国定教科書制度が確立するが，綴方の国定教科書は編集・発行されなかったため，綴方の目的や指導内容と方法は，教員たちによって常に模索が続けられることとなる。

　明治中頃まで綴方は模範文の形式にあてはめて綴ることが基本であったが，明治後期，樋口勘次郎が，児童が「随意」に文章を綴ることの意義を提唱したことを契機に，大正期に入ると，芦田恵之助が「随意選題」を提唱し，文芸界では『赤い鳥』が創刊され，児童が自らの経験や感動を自由に綴る自由作文が次第に綴方で扱う文章表現の一般的形式となった。さらに，1930年頃からは，文章表現を通して生活を教育する，いわゆる「生活綴方」が勃興し，綴方における生活指導を通して，児童の考え方や生活能力を高めていこうとする実践も登場した。

　このように，さまざまな実践が展開された戦前，なかでも本研究が対象とする1920年代後半からの綴方教育については，数多くの研究がなされているが，そのほとんどがこの時期に注目を集めた「生活綴方」の成立・展開過程や，実践の背景となる思想・教育観，さらには各地での展開形態について分析しており，各実戦の表現指導の内容や方法について，さらには同時期に表現指導を重視した実践の展開に焦点を当てた研究はほとんどない。

　本論文では，まず，全国的に指導的立場にあった東京高等師範学校附属小学校が，

1923（大正12）年に発表した綴方に関する見解を確認したうえで，各府県の師範学校附属小学校が1900年代以降，どのように教科の目的・内容を考えていたのかを，出版された教授細目等の記載内容から分析し，時期的特徴を考察する。そして，1920年代後半以降に公立小学校や私立小学校の教員たちが提案した記述前の構想の指導と記述の指導の内容・方法を検討し，同時期の綴方での表現指導の実態の一端をを解明する。

1. 東京高等師範学校附属小学校の見解

［1］『小学綴方教授細目』の出版

前述したように，大正期に入ると小学校での綴方教育の内容について新しい実践が多く発表されるようになった。そのため，東京高等師範学校附属小学校（以下「東京高師附小」と略記する）には，綴方教育の目的，内容，方法についての見解を全国的に示すことが求められていた。同校は1920年頃から実施していた綴方に関する共同研究の成果をまとめる形で，1923年に『小学綴方教授細目』を出版，さらには全国訓導協議会を開催し，同校の綴方に対する一定の見解を全国の教員に対して提示した。

協議会では教授細目の編纂にあたり方針として決定した以下の「綴り方指導の根本方針」（以下「根本方針」と略記する）が発表された[1]。

一　綴り方は自己の生活を文にあらはし，自己を生長せしめることを目的とする。
二　材は主として実際生活から取らせる。
三　常に経験を通して自己を視つめる態度を養ふ。
四　発表の態度は外面生活より漸次内面生活に向はせる。
五　文体は凡て口語体とする。
六　自由選題・課題いづれをも合はせ取る。
七　児童の発達態度に応じて指導する。
八　形式の指導は内容に即して行ふ。
九　韻文を作ることは児童の随意とする。
一〇　内容形式とも多方面に導くを本体とする。但し，多少一方に偏することがあつても止むを得ない。

第一条で綴方は，「生活」を文章として表現することと，「自己を生長せしめる」ことを目的とすることが示されている。これは，綴方で扱う文章表現が「生活の表現」

であること，さらには，その表現指導と児童を成長させるための生活指導を行う教科であることを「公認」するものであった[2]。

　第六条では「自由選題・課題」の両方を綴方で扱うこが明言されている。東京高師附小の教員田中豊太郎や飯田恒作などは，この「根本方針」が示される以前から「形式は自然に湧いて出てくる」とは考えられないと述べ，放任過ぎる自由作文の指導を批判し，ある程度の文章形式の指導が必要だと主張していた[3]。第六条はこうした教員らの見解が反映されたものと考えられる。これによって，課題を与えて綴らせるべきか，課題は与えずに自由に綴らせるべきかという「随意選題論争」は，両者折衷案という形で論争に決着がつけられた。

[2] 表現に関する指導事項

　『小学綴方教授細目』で示された教授細目[4]は，各学年の指導事項を文章表現過程の「取材・復案・記述・推敲」に「鑑賞と批評」を加えた5段階に分けて設定している。文章形式や題材別に指導事項を設定するのではなく，文章表現過程に即した指導事項を学年段階に即しながら表現指導の内容を設定した。これは，「根本方針」で示した，形式の指導は内容に即して行うという方針に適した系統案のあり方を示すものであった。たとえば，「腹案」については，尋常科2年までは「厳格な意味に於ける」指導はしないとされており，指導が主に行われる尋常科3年以降は以下の表のような指導が計画された。

表1　「腹案」の指導事項

学年	指導事項
3	1　経験の順序通り記述を予想させる場合。 2　自然の順序によらない時は目次を立てゝ記述させる。 3　長い文をかくときは事件の要点々々を切り取つて記述を考へさせること。 4　文の起首と結びにつき，まとまりを考へさせること。 5　最も大事な中心が逸せられぬやうに。背景を詳述するため，中心を書く時には，疲れて其の力を失ふことなどがないやうに。 6　常体と敬体との異別を明瞭にさせる。 7　筋の混乱せぬやう，明瞭なるやう注意させること。
4	1　経験の順序に従つて，文を行る様にすれば自然であるから容易であるが，文を行る手法としては，必ずしもさうとは限らない。故に，其の手法の初歩を本学年では知らさなければならない。即ち，目次を定めること，文の起しと結び，文の中心，筋と味，全体と部分，其の他常体と敬体との適用などに就いて，考へさせ，これを指導する。
5	1　手法の最も初歩について知らせる。　　想の軽重　主想　精略　描写の初歩　順序 2　不自然な技巧に陥らないやうにする。
6	1　稍進んだ手法について知らせる。　　想の軽重，主客，統一，順序，精略，描写 2　不自然な技巧に陥らないやうにする。

（『小学綴方教授細目』より筆者抜粋）

尋常科3年で多くの指導事項があげられているが，指導事項を具体化した教授細目を確認すると，尋常科3年では目次を立て綴ることの指導が中心であり，「中心と部分」の指導は，尋常科4年から指導していたようである。尋常科5年以上では，単純に経験の順序に沿った記述方法だけでなく，感想や議論文でどのような順序で「事実」と「感想」を書くかといったことや，経験内容を分類して書くといった方法についても指導している[5]。

『小学綴方教授細目』では，段階を踏んだ構想の指導が計画され，これ以降に東京講師附小の教員たちが執筆した書籍や雑誌記事などでも，構想の指導について解説しているものがあるが，田中が，児童に無理を強いないように「大体の順序を頭に思ひ定める」程度でよいという言葉に代表されるように，理想とする構想の手順を必ずしも児童に求めたわけではなかった[6]。構想の手順を児童に強制しないようにとの見解が強調されたため，構想をどのように立てるべきか，何を中心に設定すべきかといった指導については，東京高師附小の教員によっては具体化されなかった。

なお，尋常科5年の指導事項で「描写」という用語が使用されたが，「描写」は1920年頃から「写生」に代わる概念として綴方教育に登場したばかりであり[7]，1921（大正10）年の段階で飯田が描写については「妥当な指導を定めたいと思つている」との状況を記しているように，検討段階の内容であった[8]。そのため，1923年以降にようやく具体的に指導内容や方法について言及されるようになった。飯田は1926年の『綴方指導の組織と実際』において，優れた描写表現について次のように述べている[9]。

　　淋しいと何遍いつたところで，嬉しいと何遍叫んだところで，読者に淋しさや嬉しさがわかるものではない。事実を描け——さすれば淋しいとか嬉しいとかはないでも，読者の胸にはさうした心境がせまつて来る。これがすぐれた現はし方である。

飯田は，描写表現について，伝えたい感情を単に「淋しい」「嬉しい」と一言で表現するのではなく，文章全体からその感情を読み取ることができるように「事実を描け」と説明している。

描写で詳細な生活内容の表現を求めたことで，細かに綴ることとともに「言葉を選ぶ」ことも重要視されていった。田中は，「手」と「おてゝ」，「下駄」と「かつこ」はそれぞれ同義語であるが，その言葉から受ける「感じ」はそれぞれ異なるといった事例をあげて，様子や感情をより正確に読者に伝えるためには，それを表現するのにもっとも適切な「言葉を選ぶ」ことが大切だと述べた[10]。

以上のように，東京高師附小が『小学綴方教授細目』で示した方針と教授細目は，自由選題と課題の折衷案にみられるように，この時期に提唱された多くの実践の「公

約数整理をこころみた」ものであったと滑川は指摘している[11]。しかし，形式主義の指導から口語体による自由作文へと，ようやく転換し始めていた各地の師範学校附属小学校や公立小学校の教員たちにとって，同校が綴方の目的や指導内容について簡潔にまとめたことは，目指すべき綴方のあり方を明確に示したものとして各地の教員に受容された。また，同校としての回答を全国的に示したことで，これ以降，生活指導の内容や，具体的な表現指導の方法といった新たな面で綴方の理論と実践を模索する段階へと進むこととなった。

2. 各府県の師範学校附属小学校の見解

[1] 1920年代まで

①綴方教育の目的

本節では，東京高師附小の見解が各府県の師範学校附属小学校（以下「師附小」と略記する）の実践にどのように影響したのか，さらには各校がどのような実践を独自に提案していたのかを明らかにする。

まず，各師附小が綴方の目的をどのように設定していたのかについては，既に拙著[12]で明らかにしたように，1910年代は「小学校令施行規則」の条文をそのまま用いて目的とした学校がほとんどであったが，一部の師附小は，条文で示されたものが「大体の輪郭」に過ぎないとして，次第に各校が独自に目的について論ずるようになっていった。

そして，1920年代に入ると，綴方での生活指導の重要性が主張され始め，東京高師附小の「根本方針」によって文章表現と自己生長を目指すことが教科目的に含まれたために，各府県の師附小でも「小学校令施行規則」の条文から離れて目的を独自に設定するようになった。このとき，東京高師附小の「根本方針」の文言をそのまま用いた師附小もあれば，新しい理論として注目された田上新吉の『生命の綴方教授』を引用もしくは参照する形で当時の最新の綴方教育論の見解を積極的に取り入れて目的を設定する師附小も登場していた。

②表現内容に基づく指導の提唱

1920年以前は，説明文や伝記文，問い合わせ文，さらには「頭括式説明文」など，さまざまな日用文の形式を教えることが綴方教育の主流であった[13]。その後，大正期に入り自由選題が一般的な指導として定着したことで，各校での指導には次のような変化がみられた。

第一に表現指導の内容の簡易化である。東京府青山師範学校附属小学校は1911（明治44）年の時点では，尋常科2年で段落や括弧について指導するとしていたが，1926年の『尋常小学綴方教授細目』（隆文館）では，尋常科3年の指導で「形式的方面は寛大に取扱ふ。が強ひない程度に於て，極く簡単な事項を指導する」として，段落や対話挿入の指導をあげている[14]。ほかにも，尋常科6年での「韻文を散文」にするといった指導は，1926年に発表した教授細目では削除された[15]。また，静岡県浜松師範学校附属小学校は，「言語文字語法修辞法等の国語上の知識に通暁せしめることは，読方教育の任務に属すべきことである」として，修辞法等は読方で指導し，綴方は読方教育で身につけた技術を活用して文章を綴らせると説明している[16]。

　第二に綴られた文章に即した表現指導への転換である。愛知県岡崎師範学校附属小学校は「この生命の像をいかに文字といふ符号をかりて如実に表現さすかといふ所に，表現への指導が必要となる」とし[17]，大分県師範学校附属小学校も，「生活内容を如実に現はさねばならぬといふ念願のもとに表現の指導を行ふのである」と述べている[18]。従来のように題材や形式を指定して綴らせる場合は，学級内の児童の綴る内容はある程度同様のものであった。しかし，自由作文では各児童が自由に題材を選ぶため，滋賀県師範学校附属小学校が「あるものは詳細にあるものは簡潔に或る者は詩に或る者は散文に，各自独特の印象感興創造を中心にして生きた表出をなす筈である」との見解を示したように[19]，同一時間内にさまざまな内容・形式による文章が綴られる状況であった。こうした状況から，表現指導は綴られる作品を想定しての指導から，綴られた文章に基づいての指導へと大きく転換しようとしていた。

③文章表現過程に即した指導事項の設定

　自由作文を綴らせることが全国的に広まりを見せる中で，東京高師附小の『小学綴方教授細目』の影響を受けて，文章表現過程に即して各学年での指導事項を設定することも各師附小の実践で取り入れられていった。

　岡山県女子師範学校附属小学校は，東京高師付小と同様に「取材」「腹案」「記述」「推敲」「鑑賞と批評」の5段階に区分して，各学年の指導事項を設定した。たとえば，尋常科3年の「腹案」では，①「経験の順序を中心として手法の初歩を知らせよ」，②「目次（順序）長文，全体と部分（中心点）」，③「常体と敬体との異別」が指導事項とされている[20]。

　このように，各学年での表現指導内容が設定されたことで，理論と実践の間に若干の矛盾が生じることとなる。三重県女子師範学校附属小学校は，「真」の表現指導は「個人の表現の発達傾向を細心に調査」して「個人に最も適応する」指導であると述べている。しかし，一斉指導が一般的である学校教育の実情をふまえて，次のように指導について説明している[21]。

児童の現実表現過程の傾向を外にしては全く意義をなさぬ。どうしてもその児童個人について，表現の発達傾向を細心に調査し，教師の知識理想に照し，美点はこれを助長し，欠点は之を矯正して，その個人に最も適応するやうの指導が真の指導である。どこまでも個人の現実が対象でなければならぬ。
　　　現今教育は学級組織である限り，之を学級教授として見て行くことも必要である。学級として一斉指導を行ふ時は個人差があるだけむつかしい。この時は先づ児童の全成績を細心に見破る。相当骨の折れることではあるか(ママ)，これを措いては他に指導の手掛がない。

　ここで指摘されているように，現状の「学級組織」を考慮すると，「学級として一斉指導」を行う必要があった。同校は一斉指導の際は学級内の全児童の作品を十分に分析した上で，学級全体としての傾向を掴み指導せざるを得ないとの結論を示している。このように，ある程度児童の個人差を考慮しながらも一斉指導を行わなければならない状況から，学年別に設定した指導事項が，一般的な児童の表現傾向や修得が可能とされる表現技術を示すものとして意義が見出されていく。
　たとえば，栃木県女子師範学校附属小学校は，「修辞上の技巧は思想内容に伴つて自然」に行うとしながらも，「指導系統案」では次のように非常に細かく指導事項を設定していた[22]。

　　尋常小学第五，六学年指導案
　　2，腹　案
　イ，記述及び時間的叙述の題材に於ては只管経験の再現に努め，今を忘れて再現された経験の中にひたるやうにする。
　ロ，説明，評論，感想等の題材に於ては，相手を決定すること（同輩とか，目上とか目下とか，或は誰とかいふ風に）想の主客，軽重を弁別すること。
　ハ，伝記，歴史譚，童話，戯曲等の題材に於ては次のやうな事項を考へさせる。時としてはそれを目次とすることもある。
　　□題材の筋と，稍々具体的な，人物と，時と，場所とを定め，その間に自己の経験及理想等を基礎とした，具体的想像をめぐらし，その主人物と自分とを一如にする事
　　□或中心思想（友情，奮闘，愛の力等）を各自の理想生活の上から決定して其思想を中心人物の生活に托し，其の人物の生活を具象する為に，他に人物，時，場所事件等を想定する。

　文章形式を「イ，記述及び時間的叙述」と「ロ，説明，評論，感想」「ハ，伝記，歴史譚，童話，戯曲」に大別し，それぞれに適した「腹案」の方法の指導が設定され

ている。児童の綴った文章に基づいて表現指導を行うことを理想としながらも，一方では各学年で一定の表現技術を習得させたいと考えていたことがうかがえる。

こうしたなかで宮崎県範学校附属小学校は，綴方の教材を「創作的教材」と「指導的教材」の二つに分けて指導について解説している。前者は自由選題のように「自由に生まれる」場合であり，後者は表現技術の指導を意図して行われる場合を指し，「記事文，旅行記，対話文」等の指導である[23]。多くの師附小が，明治期の形式主義の実践からの脱却を目指したために，形式の指導については教授書等に記載しなかったが，同校は自由に綴らせることと同時に，上記の文章形式の指導を設定している。教材の性質から二つに区分することで，自由に綴らせるという理論と，一定の表現技術を習得させたいという現実の間の矛盾を解決しようとしていたと推察される。

このように，自由作文と課題作文の両方を行っていくことが東京高師附小の方針として示されたが，その後，それをどのようにして実現するかという点において，各校が独自の内容を提案していた。また，指導内容については，学年別の指導事項の設定に重点が置かれたため，その事項の具体的な内容や方法については十分な解説と提案がなされていなかった。

[2] 1930年以降

①「小学校令施行規則」における綴方教育の目的の再認識

1929（昭和4）年に雑誌『綴方生活』が創刊されたことを契機に，全国各地で「生活綴方」が勃興し，綴方での生活指導が教科の主目的となる実践が多く発表されていった。この頃の各府県の師附小が設定した目的の傾向を分類すると，1930年代前半までは，1920年代と同様に綴方を通した生活指導を主目的とする見解と，「小学校令施行規則」に示された内容を強調し表現指導を主目的とする見解の二つに分かれていた[24]。

それぞれ一例をあげると，前者としては，埼玉県女子師範学校付属小学校が1933（昭和8）年に『生活教育の理論と実際』を出版し，生活指導に重点を置いて綴方の目的を次のように説明している[25]。

> 生活を表現するといふことは過去の生活を土台として，土台にするといふことはその時の生活力を再燃させ再び対象に働かせることである。土台にして新しい生活を営むことである。新しいといふことは一つの命に統一されることによつて，益々純粋になることである。故にそこには又新しい生活を生み以後の生活の根源となる。（中略＝引用者）生活力の伸展が如何なる場合に於ても，綴方教育の最大目標である

同校は，表現することを通して児童が過去の生活を「土台」として「新しい生活を

営む」ことができるようにすることが目的であるとしている。

　後者としては，1931年に熊本県第一師範学校附属小学校が編集した『各科指導現象的学習法』において，次のように綴方の目的について記載している[26]。

> 従つて綴方科の目的を強ひて之に求めるならば此の条文中の
> 「正確ニ思想ヲ表彰スルノ能ヲ養ヒ。」
> ではないかと思ふ。故に国語科として究極の目的たる。
> 「兼テ知徳ノ啓発スルヲ以テ目的トス」
> にあつては，綴方に於いても自己の思想感情を遠慮なく表現し得るの境地に至つてこそ望まれ得べきものであるが云ふまでもなくこのねらひは国語科全体としてのものであれば，綴方のみの独占すべきものでなく読方書方と連絡を取つて目的を遂行すべきものと考へてゐなければならない。

　「正確ニ思想ヲ表彰スルノ能ヲ養ヒ兼テ智徳ヲ啓発スル」という条文を2分割し，前半を綴方独自の目的，後半を綴方，読方，書方を含めた国語科全体の目的を示すものと説明している。そして，綴方の目的は「自己の姿をはつきりとみつめるといふ意識の下で」「只ありつたけの精神内容を文字文章に表現させる」ことであり，そのような表現指導がなされれば，「必然的」に「人格完成，生活創造」という生活の指導にも至るとされている[27]。

　この解説からわかるように，「小学校令施行規則」の条文を重要視した師附小の多くは，綴方が国語科の一分科であるという側面を非常に重視し，綴方の独自性が「表現すること」であり，表現能力の育成が重要な目的であるということを強調するようになった。

　その後1930年代後半になると，佐賀県女子師範学校附属小学校編集の『農道精神錬成への農村学校の教科経営』（1937年）では，「小学校令施行規則」の条文の前半は「表現力の陶冶」，後半は「生活指導に依り，人格生命の啓発深化」を意味していると解説されている[28]。ただし，ここで生活指導が目的に掲げられているのは，1920年代に勃興した「生活綴方」の影響を受けてではない。同書において国語科での指導が最終的には「国語愛の精神涵養」や「国民的農民的人格の完成」に繋がると解説されているように，戦時体制が進むなかで，練成や国民の育成と綴方教育を結びつけようとする考えからであった。

　このように，1930年代後半は「小学校令施行規則」の条文に準拠する師附小が多くなるが，よりよい文章表現指導を目指した結果ではなく，生活指導を重視しすぎた実践への批判，さらには戦時体制に適した教育を示すためであり，最終的には綴方教育の目的は国民育成に置き換えられていった。

②表現指導重視の見解

　上述のような傾向から，より生活内容を巧みに綴らせるために表現指導を積極的に行うべきとの見解が強調されるようになる。

　山口県女子師範学校附属小学校は，「現在流行の寵児たる生活指導は『生活第一』の標榜により表現指導を無視する傾向はあるまいか」と表現指導が軽視されている傾向を危惧している。そして「児童は学年の進むと共に精神内容は複雑となり，精神内容が複雑になればなるほど表現も複雑になり一層困難を感じて来る。之全く表現無指導の結果である」として，高学年において表現に苦心するのは，表現指導が表現したい内容に適する段階まで指導されていないからだと指摘した[29]。さらに，熊本県第一師範学校附属小学校は，次のように，より明確に生活指導重視の立場を批判している[30]。

　　生活指導といふ標識の下に行はれてゐる現今の綴方教育の現状を見たら何うであらう。彼等は生活指導を重視する。故に目的として児童の生活を本体と考へてゐるから，表現の仕方を生活指導のための過程だと考へてゐる。従つて表現をすることそれ自身は目的意識を希薄ならしめてゐることになる。のみならず極端な人になると方便的のものだとさへ解してゐる人も少なくない様に見受けられる。之は甚だ間違つた問題だと思ふ。

　ここでは，生活指導を重視した実践で文章表現を生活指導の「過程」または「方便的なもの」と捉える傾向があることを厳しく批判している。表現指導の重要性が再確認されたことを受けて，一部の師附小では表現指導の方法にも変化がみられた。山口県女子師範学校附属小学校は，「表現技術」指導として「視写」「聴写」「暗写」「假名変換作業」「記号使用作業」といった作業の必要性を主張した[31]。また，和歌山県師範学校附属小学校は，「直截簡明に自分の意見，報告，調査」を述べるためには「実用的な方面の文章の修練」が必要であるとして，「科学的な文」「ポスター・広告文」「調査報告文」の練習を内容に含めるなど[32]，課題を出して綴らせることや形式の指導が以前よりも積極的に行われるようになった。

　形式の指導の一例が，岐阜県師範学校附属小学校が1936年に出版した『新綴方系統案』に掲載された指導案にみることができる。尋常科2年では句読点の指導として次のような計画が掲載されている[33]。

　　▼句読点（凡四時間）
　　要　旨
　　　句点は一年の時，既に習得してゐる筈であるが，読点を意識的に付けさせるのは最初である。創作力を損ふことなく，自然にこの技術に慣れさせたい。
　　要　項

一，句読点の指導は読本とよく連絡して指導するとよい。
　二，板書，プリント，或は臨写，聴写，自由作等種々の方法から理会（ママ）させたい。
　三，読点は　句点と同じく一字として勘定して一欄占める。（句読点が行の最初へ来た時の処理法ははまだ教へなくてもよいと思ふ。）
　四，子供はよく次のやうな誤りをし易い。それは「タ」があれば文の切れ目だと形式的な見方から来る誤謬である。（以下略＝引用者）

　指導時間は4時間とされており，明治期には一般的であった「臨写」や「聴写」による指導が計画されている。また，尋常科4年では「人物の観察」という単元が6月に設定されている[34]。「人物の観察」が課題として出され，観察の視点や，観察したことを適確に描写もしくは説明することを学習するものである。このほかにも「自己の説明」や「社会現象の観察」「批判的な文」といった単元計画が，おおよそ3，4時間で計画されている。

　綴方の授業は週2時間が基本とされていたため，こうした実践が1か月の授業数の約半分を占めていたことになる。課題作による指導の一方で，「自由作」の単元も毎月確保されていることから，自由作文を基本としつつも，課題作を通して表現技術を指導しようとしていたことがわかる。さらに，これらの実践は，1920年代に師附小が示していた児童の作品に基づく指導とは，まったく異なる実践であるとともに，指導方法としては1920年代以前の形式主義の指導に立ち戻るものであった。

③描写の指導

　山口県師範学校附属小学校が「表現手法は抽象を避けて，具象につき悲しいといはずして悲しがらせるがよい」と説明しているように[35]，東京高師附小の教員たちの描写指導に関する主張が各校の指導に影響をおよぼした。同校は「よくわかる文」「真実なる文」「印象の明らかなる文」「個性の明らかなる文」がよい文であると述べ[36]，奈良県女子師範学校附属小学校は「よい文は深みのある文，実感のよく出た文，観察（観方）の細かい純な文，児童の体験や生活のしつかりあらはされた文といつたものでせう」（括弧内原文ママ）と述べている[37]。

　「よい文」であることの条件は，師附小によって若干の差異はあるが，読者が作者の個性や感情を確実に読み取ることのできる文であることが共通することであった。このように，各校の実践でも描写による文章表現が「よい文」に位置づけられた。岡山県師学校附属小学校は，以下のように「描写型態の正確」として7点，「叙述の精細」として8点の条件を列挙している[38]。

　　描写型態の正確
　　① 描写は対象に就かうとするから散漫になり易い。描写にも必ず根本的な中心

点，主題が必要である。
② 客観の態度を持しても材料の選択は文の生命を決定する。
③ 描写の対照的分類に立脚して，夫々対象の点を把握せしめる。そのものらしいところを観察募集するのが大切である。
④ 描写では作者の小主観を混じたり，材料に好悪を感じたりする事を成る丈避けて出来る丈対象になりきつて描現する事が大切である。
⑤ 描写では対象の動き色其の他の情態により描現の方法も考慮する必要がある。
⑥ 描写は自分を対象に置く事も可能である。此の場合実質的には叙述でも形式的にはやはり描写である。
⑦ 描写には感官の修練と自覚的使用が必要である。

叙述の精細
① 中心になる心境，主題が明瞭でなければならぬ。
② 主観を強調しても静観の態度を忘れぬことが大切である。
③ 時・所・人の動き，静止を明瞭にすることが大切である。
④ 具体の象徴化，単純化を計る。
⑤ 偏修的な自己，執はれたる個性を出してはならぬ。
⑥ 材料の募集は多方面でその処理は論理的ではなくてはならぬ。
⑦ 思想は厳正，感傷や興奮に，堕してはならぬ。
⑧ 大局に着眼する事も必要であるが微細な点にも留意する必要である。

　ここでは，「必ず根本的な中心点，主題が必要」であるといった描写の条件と，「主観を強調しても静観の態度を忘れぬこと」「時・所・人の動き，静止を明瞭にすること」「具体の象徴化，単純化を計る」など，描写による文章表現のために指導すべき事柄が具体的に示されている。表現指導の重要性が再認識されたことで，1930年頃からようやく各校から自由作文に対する表現指導の具体的な方法や指導事項が示されるようになった。

3. 各地の教員が提唱した実践

　各府県の師附小は，公立小学校の教員たちの模範となっていたが，同時に公立や私立小学校教員のなかからも，実践について多様な提案が行われていた。彼らがどのような指導内容・方法を提案していたのかを検討する。本論では，生活指導を重視した実践を行っていた小砂丘忠義，佐々井秀緒，国分一太郎，表現指導を重視した実践を

行っていた菊池知勇，富原義徳，古見一夫に注目した。表現指導と生活指導の両方についての発言や記事が確認でき，先行研究において重要な実践者として評価されている教員である。

[1] 構想の指導

①表現指導を重視した実践

　慶應義塾幼稚舎の教員であった菊池知勇は，1926年に綴方教育に関するはじめての専門雑誌『綴方教育』を創刊した。彼は同誌で掲載していた「新時代の綴方教科書」で，豊富な文例を用いながら，各学年での指導事項について提案と解説を行っていた。

　構想の指導は一般的には尋常科3年からと考えられていたが，菊池は尋常科1年から指導すべきだと提案した。尋常科1年当初から構想について指導することで，文字の学習と同様に，文章表現の中心を明確に設定する技術を自然に身につけていくことができると説明している。仮に尋常科3年まで指導しない場合，それまでに「出鱈目の悪い癖」がつき，尋常科3年からの指導が困難になる可能性があると指摘し，入学当初から指導する意義を説明している[39]。

　では，菊池は6年間での構想の指導をどのように設定していたのであろうか。まず尋常科1年では，生活上のさまざまな出来事が表現の題材となり得ることを説明した上で，「書きたいことがいくら澤山あつても，まづ一つのことを書くもの」であるとして綴る出来事を絞ることの指導から始まる[40]。尋常科2年では「面白いと思つたところや，心に残つたところ」など，取り上げる題材を選ぶ判断基準について指導している[41]。

　ところが，このように綴る場面を限定する指導の一方で，綴ろうとする生活内容がはじめから終わりまで終始うれしかったといった経験の場合，「どこをとつて，どこをすてる」ということを判断するのは難しいため，「いくら考へても，どこもすてるところがないことであつたら，長くともはじめからおしまひまで書く」べきであると菊池は説明している[42]。

　さらに学年が進むにつれて構想の指導は複雑になる。尋常科4年では見聞きした順序と綴る順序が同一の場合と，見聞きした順序に関係なく内容や位置等の関係からまとめ直す場合の二つの方法の指導があげられている[43]。

　このように，菊池は東京高師附小や各府県の師附小と同様に，一つのことに絞って文章をまとめ，見聞きした順序で内容を再構成する方法を最善であるとしたが，師附小らが指導事項に含める程度であった複雑な構想の方法について，具体的に例文を示しながら解説した点で菊池の実践はより具体的に指導を示したものであったといえよう。

　このように，菊池がさまざまな構想の技法を指導することを提案したのに対して，

静岡県駿東郡の教員であった古見一夫は、特定の技法のみを6年間で一貫して指導することを提案した[44]。

第一に「その文材についてどう感じたか——を回想させる」、第二に「その感動感想を、最も強く起したのは、どこか——を追憶して、そこをじつと視つめる」、そして第三に「その感激の焦点の前後に何を書き添ふべきか、何処から書き始め、何処で書き結ぶべきか」を考えるという三段階の手順を指導した。

さらに、この構想を効果的に行うために「綴方凝想帖」という構想を練るための手帳を児童に持たせた。この「綴方凝想帖」の考案に関して、児童のなかには「おかまひなしに、どんどん書いてゆくもの」や「そんなことには耳をも貸さず外の勝手な事を考へてゐるもの」がいたと古見が述べていたように、東京高師附小や各府県の師附小の「大体の順序」を考える程度で十分とする指導では、構想の必要性すらも児童には伝わっていなかったことがわかる。

古見は6年間の指導として体系化するまでには至っていなかったが、題材の種類に関係なく自由作文指導の際に活用できる構想の手順を三段階で簡潔に示した点で、古見の実践の意義は大きかったと言えよう。この古見の指導は、群馬県女子師範学校附属小学校が1935（昭和10）年に出版した『全体観に立つ各科教授の要諦』で、そのまま取り入れるほどであった[45]。文章表現の中心を設定するという理論は、極めて新しいものではなかったが、その構想の手順を上述のように簡潔に提示し、その手順を効果的に行うための「綴方凝想帖」を考案した点で古見の実践は当時注目を集め、多くの実践で取り入れられていた。

師附小の見解を具体化する傾向とは別に、独自の実践を提案した教員もいた。古見と同じく静岡県駿東郡で教員となり、1929（昭和4）年から東京都の竹町尋常小学校へ転任した富原義徳は、同年に『土の綴り方』を出版し、全国的に著名な教員となった。彼の実践では、文章の構想は児童との対話を通して個別に行うことが理想であるとされた。1931年の『教育・国語教育』7月号では、以下のような実践が紹介されている。引用中の「C」は児童、「教」は富原の発言内容である[46]。

　　C　「私は日曜に山へ百合堀りにいつたことを書きます。」
　　教　『いゝでせう。どこへいつたんです』
　　C　「東山の窪澤です」
　　教　『誰と』
　　C　「お父さんちが、山へいつてゐたから、弁当をもつていつてやりながら、窪澤の奥にうんと白い百合が咲いてゐたのでそれを掘らうと思つて……」
　　教　「あたりの景色をみたまゝに、うんとこまかに書いて下さい。
　　1　山々の景色。
　　2　お父さんちのお弁当のこと。

3　百合の咲いてゐる具合
　　4　掘る時のありさま
　　5　掘つたあと。
　　これらを，みのがしては駄目ですね。そして鳥なんかもあの窪澤ではかなり啼いてゐたでせう。たくさん掘れたかね。……」
C　「駄目。みんな小鍬で切つちやつた」
教　「百合は痛かつたらうよ。」

　児童が週末「百合掘り」に行ったことを富原に話し，それに対して富原が「誰と」「どこへ」と詳細をたずねている。対話を通して出来事を振り返ると同時に，綴るべき事柄について富原が助言することで，文章の構成を明確にさせようとしていたことがうかがえる。富原はこれを学級内の「全児」と行うとしているが，この指導を学級全員に行うとなると，かなりの時間を要することが推察される。また，「鋳型」にはめることを嫌いながらも，富原の助言や発問が児童の文章表現に与える影響は大きいと言わざるを得ない。実際に富原は後年になりこの実践については言及しなくなり，師附小が提案する一般的な構想の指導に準拠するようになった。

②生活指導を重視した実践
　鳥取県の教員佐々井秀緒は，1930年代に入り注目された「調べる綴り方」「科学的綴り方」の実践者であった。「科学的綴り方」では記述前の構想は「想念を如何に排列し結構するか」ではなく[47]，「知識を科学的認識にまで進展」させ，「本質的意義の理解発見を為す作用」であると位置づけた。そして，複数の調査等で明らかになった事実を「分析的に考察し思索し」，事実から「同一性」と「差別性」を「摘出」する作業を行うと主張した[48]。
　実践例「麥の肥料」から構想の手順を明らかにする。「麥の肥料」では児童が①肥料の種類，②肥料購入金額，③資金捻出方法，④肥料の効果の調査を行った。これらの調査結果の「同一性」と「差別性」にまとめると次のような図になると示されている。
　まず，①肥料の種類と②肥料購入金額の調査結果を総合的に考察し，「自然の力」で生産される「買はないですむ肥料」と「人工」で生産される「買はねばならぬ肥料」に分類している。次に，③資金捻出方法と④肥料の効果についても同様に考察し，「金がたくさんあれば」麥は「青々」と育ち，「金がないと」「黄色」く育ってしまうとまとめている。このように，複数の調査結果の関連性を考察することを佐々井は「同一性」と「差別性」を明らかにすると表現した。
　そして，これが記述前の構想にあたると説明している。実践例ではこの考察を踏まえて次のような佐々井と児童の対話がなされている。引用中の○は佐々井，△は児童

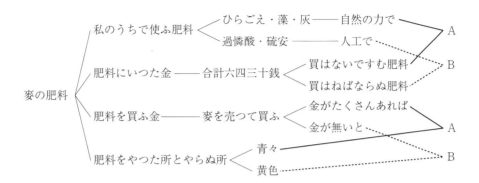

図1　構想の段階での板書　　　（佐々井『科学的綴り方教育の設営』より筆者作成）

の発言である[49]。

> ○「お金を使はないやうにするために，お金のかゝらない方の肥料を使へばいいではないか。」
> △「牛のゐない家なら牛のくそはないのだから困ります。」
> △「それに灰なんか，そんなにたくさんは取れません」
> △「そんなにして時間や労力をかけて肥料を得るやうだつたら，買つた方が便利です。」
> △「買つた肥料はきゝめがよいだらう……」

人工肥料を使用したほうが便利で効果も高いことに注目させた上で，さらに佐々井は次のように発問し問題点についての議論を進めている[50]。

> ○「お金のたくさんある家なら，（肥料を＝引用者）買つてもなんともないが，お金のない家は困りますね。」
> △「麥を作り，それを売つて儲けたお金で肥料を買ひます。」
> △「損だなあ……」
> △「でも仕方がない。」
> ○「実際お百姓も困るわけですね。でも肥料をやらずにはおけないしね。」
> △「肥料をやらんと黄色になつて，元気がわるくなり，よい麥が出来ない。」

題材が内包する問題点や矛盾点に注目させ，「麥の肥料と農家の経済といふものを連結して考へさせる」ことで「表現すべきものが何であるかが決定される」と佐々井は説明している。このように「科学的綴り方」では，調査結果を分析することを構想として位置づけた。滑川道夫が「科学的綴り方」は「生活そのものを考えさせていこ

うとする動き」の一つであったと位置づけているように，生活認識を深めるための指導が構想として行われた。この事例では学級全体で活動しているが，最終的には「態度等が，十分に出来上つたなら，児童は，各自自分の力に応じて，自分の材料を，うまくこなして行くやうになる」と佐々井は説明している[51]。

　佐々井が西南地方の代表的教員の一人となった頃，東北地方の教員として戦前，さらには戦後も活躍した教員が国分一太郎であった。彼は構想の指導の際に図を用いて指導しやすくしていたようである。これは，ほかの実践ではほとんど見られない指導方法であり，国分の構想の指導の特徴と言えよう。ここでは，例文「しろかき」をもとにその図を確認する。国分はまず文章を8つに区分している[52]。

① 私は「休みになった」といってよろこんでうちへかえりました。するとお母さんは「孝夫」とよんで「あしたからしろかきすろな」というので私はうれしくてたまりません。
② つぎの日になりました。八時ごろになると，私の兄さんが「さあしろかきにあべは」といいました。私は「んだか」とついていきました。
③ 田につきました。馬の首に竹をつけて田の中にはいりました。あんまりふかいので，ひざかぶの上までぬかりました。
④ 一ばんたばこすうわといいました。
⑤ またひるまだはといってむかいにいきました。
⑥ それで「んだか」といってかえりました。
⑦ ごはんをたべると，ひるあそびだと私と兄さんは柿の木の下にむしろをしいて勉強をしました。
⑧ 二時になると，また馬をひいて田にいきました。またまぐわをおして，かきはじめました。夕方になったからかえりました。

（傍点原文ママ，段落番号は引用者加筆）

　傍点の部分は作者の具体的な体験や感動が綴られていると国分が指摘した部分である。この文章を図式化したものとして次の図が示されている。右端が文章の冒頭であり，文章の区分ごとに半円が書かれている。

　半円の大きさは時間経過を示しており，円が大きいほど経過した時間が長いことになる。また，斜線が引かれている半円は，記述内容に作者の感想等が含まれていることを示している。図にすることで，作品の②と⑥の部分は，時間経過が長い割にその間にあった出来事や情景の表現が少ないことや，記述の中心が「しろかき」以外の生活部面となってしまっていることが視覚的に理解できる。この図を児童が活用することを必須としたかは不明であるが，国分が指導の際に用いていることから，児童が構想を立てる際には，この図式がイメージされたり，実際に書いたりすることがあった

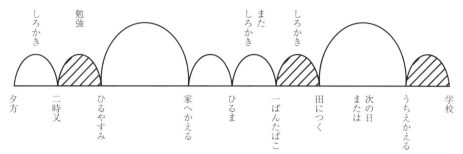

図2　時間経過や記載の軽重の図式化　（『国分一太郎文集5　生活綴方とともにⅠ』より筆者作成）

と推察される。また，構想では記述する場面を選定する際にも図式化することにより，不必要な場面の判断がしやすかったであろう。

［2］記述の指導

　表現指導を重視した実践では，「描写」が基本的な文章表現の形式となり，基本的には東京高師附小の教員らの解説と同様に，感情を端的な言葉で書くのではなく，感情を抱いた情景や様子，会話といった事柄を詳細に綴ることで感情や感動を表現するという解説であった。

①表現指導を重視した実践

　富原はこれを「情・景・語」の「三つの視点」と称して解説していた[53]。「情」は「こころもち」を詳細に書くということであり，感情や感動を様子や変化の記述を通して表現するということである。そして「情」の表現をより活かす要素が「景」である。富原は「自然の景をこまかに」「瞳に視えるやうに」書くことで「情」も「景」もより明確になると富原は考えていた。また，「景」には自然の景色だけでなく周囲の人々の様子なども含むとしていたが，言葉を重視した富原は3点目として「語」という視点を設定している。同じ花を見たときの言葉でも「まあ，きれいな花！」と「いゝ花だなあ。」といった違いが当然あり，そうした違いが「性格，風貌，さては心のしみらな面持をまで」伝えることになると説明している[54]。

　なお，富原が上述したような「ありのまま」に生活を描写することを重要視したのは，そうした文章表現が児童の個性や生活内容を如実に表現させることを可能にするというだけでなく，子どもらしさが文章に現れると考えていたからである。富原は文章に子どもらしさや，地方的特質が表現されることを求めていた。

　菊池も，細かい描写を通して「心持」を表現することを基本的な表現指導に位置づけていたが，一方で，「心持ちを説明してしまふ書き方」について指導している。これは，「うれしいなら『うれしい』」と「はつきりした言葉で書いてしまふ」方法であった[55]。この表現方法は，表現したい心持ちが「はつきりした言葉で，いひあらは

せるような心持」の場合に非常に「都合のよい書き方」であると菊池は述べている[56]。このように，菊池は表現技法においても特定の方法に限定することなく，多様な表現技法を児童に指導していた。

ほかにも尋常科3年では，会話文だけでは表現できない人物の様子や表情を文章で補うことについて指導する一方で，会話文だけでの表現についても指導している[57]。さらに議論文や説明文といった形式の指導も積極的に行うべきだと主張していた。1923年に東京高師附小が自由作文と課題作文の両方を綴方で扱うとの見解を提示したことで，1920年代後半は，自由作文をどのように指導するかに注目が集まっていた。各府県の師附小から出版された教授書等では，議論文や伝記文などの指導についての記述はごくわずかであった。

こうしたなかでも菊池は議論文や説明文の指導を積極的に行った。たとえば，議論文は「人間の心がけ，人間の考，人間の行ひを正しく導いて行くもの」であるから，「私達の生活をもつとよくするもの」を題材として記述するような態度と技術を養成しなければならないとしている[58]。

菊池の議論文に関する指導内容をみると，例文とされる作品に対して，問題点や改善点，改善すべき理由が的確に論じられていることや，自らの強い主張で文章が結ばれていることを評価している[59]。すなわち，菊池は議論文の主張内容にはほとんど触れずに，議論文という形式で正しく記述できているかという点を指導していた。

以上のように，菊池は記述の表現指導でも，特定の方法に限定することなく多様な表現方法を指導していた。しかし，どの技法を用いて綴るかについての判断基準は明確には提示されていなかった[60]。

古見は，「描写」という用語ではなく，「象徴的」という表現を好んで用いて表現方法について解説した。彼は「文の山」や伝えるべき状況を詳細に綴ることを「象徴的」という言葉で説明した。

古見の言う「象徴的」とは，「その人の感想感動感激を表現するに具象的の技法を以てする事」である[61]。「象徴的」な表現とは，構想の時点で決定した「文の山」を意識して，作者が重要だと感じる部分をより詳細に綴るということであり，その目的は，読者に作者が感じた「感想感動感激」を伝えることであった。このように，「文の山」に設定した場面によって描写する事柄は異なるため，古見の実践では，富原や佐々井の実践のように描写すべき事柄を分類し，それぞれの表現方法について詳細に解説することはしていなかった。

また，古見は綴方を芸術的陶冶の教育を目的とする教科であると考えていたために，議論文などの文章は扱わなかった。そのため，記述の指導は菊池の実践ほど複雑化せず，細かい描写で「文の山」をより明確に表現するという手法のみを指導した。

②生活指導を重視した実践

　佐々井は,「科学的綴り方」を提唱する以前は,描写対象を「自然」「人物」「動物」「事件」に細分化し描写について指導した。たとえば,「動物描写の仕方」では,「その動物の形態をよく観て書き,且つ形態の特徴を見出しで書くこと」や「その動物の持つてゐる他動物と異つてゐる習性を観て書くこと」「動物の形態,習性,動作,などについての自分の感じをかくこと」が要点とされている[62]。描写する対象に合わせて,どのような部分を詳細に記述すべきかがあげられており,そこに自らの対象に対する「感じ」を加えるとされている。

　この指導では,対象を詳細に観察して特性や様子を捉えることが重要視されており,作者の感動・感想は付随するものとして位置づけられている。当時,各府県の師附小が指導事項を簡略化する傾向があったなかで,佐々井は高度で細かな表現技術を含む指導内容を提案していた。

　ところが,佐々井は「科学的綴り方」を提唱てからは,記述について指導内容を大きく変更した[63]。

　　　出来得る限り完全に簡単明瞭に記述して,最も自然なる法則に合致するものたらしめなければならない。従来の綴り方に於ける記述は徒に冗漫に流れて,真実を糊塗し一層曖昧にした場合が多い。科学的綴り方における記述はさういふ曖昧を避けるために,簡潔な手法として表解を用ひ,数字を以つて示し,地図を掲げグラフを利用しなければならぬ。

　記述は「簡単明瞭」であることが重要であり,数字や地図,グラフを使用することを推奨した。1933年の著書『科学的綴り方教育の設営』のなかでも記述に関しては同様の説明がなされ,「描写」という用語がまったく用いられなくなった。

　簡潔で単純な表現を求める記述指導は,佐々井だけではなく,当時「科学的」「科学性」「調べる」といった文章表現を重視した教員たちの共通見解であった。たとえば,「科学性をもつた綴方」を提案した木村英治は「やれ描写がうまい」といったような指導は改められるべきであり,場所や人数に関しては「図で補ふ」ことで誰が呼んでも「わかるやに」書くべきであると主張した[64]。

　このように,佐々井の実践ほど顕著ではなかったが,多くの「生活指導を重視した実践」では,細かな描写の指導には重点が置かれず,国分が実践を回顧したように,「正確に」「順序よく」「はっきり」といったような簡単な指導であった[65]。しかし,こうした実践への反省が1933年頃から各教員においてみられるようになり,表現指導を重視する立場へと転換するようになる。この転換の背景や理由については紙幅の関係で本論文では触れないが,転換後に提案された記述の指導の内容は以下のようなものであった。

小砂丘は，1929年頃から，感動を上手く表現するには「悲しいとか，嬉しいとか」といった言葉ではなく，「自分の頭につよく印象された事柄を書くやうにして下さい」と解説しているように，描写を基本的表現形式としていたが，その指導方法についてはそれほど多く発言をしていなかった[66]。

　しかし，1933年頃からは積極的に表現指導に関して発言するようになり，1935年の『綴方生活』4月号の「文章技術の徹底的注入」では，尋常科5，6年生に対する指導方法について言及している。小砂丘は「如何に」書くかという指導に専念するという自らの主張は，修辞学や文法の知識等を教授しようとする考えとは異なると説明している。小砂丘の考える「らくらくと文が書ける近道」とは，児童に「よい作品を読ませること」であった[67]。すなわち，小砂丘は鑑賞活動の際に表現技術に着目させるなど，他者の作品を読むことで表現技術を教授していこうと考えていたのである。

　中内敏夫は，こうした小砂丘の描写の指導を「生活綴方発達史」において，「転回」以前から「子どもの文章表現指導運動に独自の領域を開拓していこうとするものであった」と位置づけている[68]。しかし，小砂丘による表現指導の内容は，当時の各府県の師附小が提唱した描写の指導と同様のものであり，前述した菊池や富原，古見なども1930年頃から行っていた指導であった。すなわち，小砂丘は当時の一般的な描写についての指導を自らの実践に取り入れ，表現技術の指導を重視していこうとしていたのである。

　国分は「調べる綴り方」に対して「作者の考えが欠如している」「明治の課題文の復古」だという批判がなされていることも踏まえて，「調べる綴り方」で求められる「法則性」や「生活理法」を追求するためにも，「生活の姿と生活共感の描写」が必要であるとの見解を示した。そして，「調べる綴り方の今後の大きい努力は表現指導のうえにはらわれなければならない」と述べ，「調べる事がらの姿を，様子をうつせ，そしてそこから見つけだした自分の考えと心持を書け」と指導するようになる[69]。この指摘は，国分の実践だけでなく前述した小砂丘や佐々井をはじめ，多くの生活指導を重視した実践の欠陥を適確に指摘したものであった。

　1935年の系統案において，各学年の描写等に関する指導事項は，以下のとおりであった。構想の段階に関するものも含まれているが，抜粋せずに全項目を表に示した。

　記述に関する指導事項に注目すると，尋常科3年頃から「心持はようすでかく」ことや，「会話スケッチ，背景，人物」の描写のし方について指導している。景色であれば「そらもよう」を，人物であれば「顔つき，しごと，ようす，会話」を詳細に記述することを求めた。

　また，系統案の尋常科5年の指導項目に「説明でかく文と描写でかく文」があるように，描写を用いる文章表現とは別に説明的な文章表現の技術も獲得させようとしていたことがうかがえる。さらに，日記や手紙文，詩での文章表現も指導事項としてあげられており，「かき方のいろいろ」を教えるために「今日は手紙」といったように

表2 「表現を計画させる」ための文話一覧

尋常科一・二年	尋常科三・四年	尋常科五年	尋常科六年
1 残らずかけ――どこ，いつ，だれ，なぜ，どうなった。そこで，それから	1 なぜかくのかをまず決めよ	1 文の観点をきめよ――主題のきめ方	1 文の観点の生かし方（多方的に，具象的に，確実に，明瞭に）
2 一つのことだけかけ――一番かきたいことをきめたか	2 一つのことをくわしくかけ――時，所，人，けしき，言葉，心と考。目や耳鼻，体をよくつかえ	2 素材の調べや反省は精密か正確か	2 説明で行くか描写で行くか
3 よく思いだしてかくこと――何でもぐんぐん思い出せ	3 くわしくないとなえわるいかの文話	3 文の構成のプランのたて方（時間の順序と文の順序とちがわせてもよい）	3 精密さと単純性。詳述と略叙
4 そのとき思ったことをかけ――思ったとおりぐんぐんと	4 どこを一番くわしくかくか――大事なところ，よくわからせたいところ	4 詳述せよ。具象化の方法――生活で描け。様子でかけ	4 主観を圧搾して具象化するか
5 あった通り，した通り――時間の順序に思い出してかけ	5 文の初め方と終わらせ方の工夫	5 文の経済化――省略・切捨・文の中心のよい生かし方	5 生活素材の調べ，反省は正確か，精密か，周到か
6 心の中でいってみて――唇にうつして――字にうつせ	6 文の順序の決め方（時間のままがいい）	6 説明でかく文と描写でかく文	6 文の構成をせよ（始，中心，終）
7 短い綴方と長い綴方のできるわけ	7 「いました」文と「いる」文。「しました」文と「している」文	7 文の調子はどうするか	7 抽象化する文と具象化する文
8 くわしく細かに	8 会話の入れ方。景色は生活のバック。観察画等の入れ方	8 心持の出し方，自然の写生のし方，会話の生かし方	8 生活の具体で描け，姿で描け
9 観察の文――よくわからせるには（項目のわけ方，観察画）	9 心持はようすでかく事。心持は素直にかけ	9 観察調査事項の配列，整理批判のし方	9 生活からの言葉，心からの言葉で（自分の言葉，村落の言葉）
	10 くわしくない文のかきなおし――その時，そこで，それから，なぜ，いつ，だれ，どこ等	10 一つの言葉，正確な言葉で，生活からの言葉で	10 一つの言葉をえらべ
		11 味ある表現，力強い表現，正確な表現へ	11 描写のし方について――会話スケッチ，背景，人物，立体化のし方）
		12 表現の過不足	12 観察調査事項の整理，類別，比較，吟味，統整。資料の使用法。結論の仕事
		13 文題のつけ方	13 個性の文（私の文）と客観的な文（私たちの文）
			14 日記や手紙の様式について
			15 文の書き直し（詳述と経済化と）

（『国分一太郎文集5 生活綴方とともにⅠ』より筆者作成）

「表現形式の課題」を与えて書かせることも行っていた[70]。つまり，「調べる綴り方」を実践すると同時に，描写による文章表現や，実用的な文章表現も指導していた。さらに，1935年4月に系統案「試案」を公表するが，それは従来の文章表現過程に即した表現指導のためのものではなく，「生活指導のための表現指導」という立場から作成されたものであった[71]。

おわりに

　東京高師附小が1923年に実践の方針を示した役割は大きく，各府県の師附小はその「根本方針」に基づいて実践を展開させた。記述前の構想について，東京高師附小の教員たちは「書き出す前によく考へて，大体の順序を頭に思ひ定める」程度で十分であると主張し，各府県の師附小も，東京高師附小の系統案の影響を受けて「形式は内容に即して」指導することを重要視した。

　そのため，構想をどのように立てるべきか，何を文章表現の中心に設定すべきかといった指導については，各校が独自に学年別の指導事項設定を試みるものの，それをどのように指導するかについては明示できていなかった。師附小の多くが表現指導の内容や方法について具体的に言及するようになったのは，1933年頃からであり，これ以前の1923年頃から1930年代前半において各府県の師附小は，どのように表現指導を行うかという具体例を，公立小学校の教員らに示す存在にはなっていなかった。

　こうした各府県の師附小の動向に対して，本論文で取りあげた各地の教員たちは，独自の指導内容と方法の提案をしていた。構想と記述の指導についての提唱内容をみると，次の４点が特徴として指摘できよう。

　まず，第一に，指導内容については大きく二つの傾向に分かれていた。すなわち，多岐にわたる形式や技法を指導しようとした実践と，特定の形式のみを徹底して指導しようとした実践である。この違いは綴方教育の目的の違いだけではなく，同じく表現指導を重視した実践のなかでも見られた。

　第二に，記述前の構想の指導では，手順を簡潔にしたり，対話や図式を用いるなど，各教員が独自の指導内容・方法を提案していた。これは，指導的立場にあった各府県の師附小などが，指導内容と方法を具体化できていなかったことが大きく影響していると考えられる。

　第三に，描写の指導が生活指導を重視した実践でも行われていたこが明らかになった。指導目的は異なるものの，指導内容は細かな描写を用いて綴ることが，すべての実践において基本とされていた。すなわち，「生活指導」としての表現技法の確立を目指したのではなく，記述の指導については，表現指導を重視した実践や，師附小などの実践の指導内容を取り入れようとしていたと言えよう。

　そして，第四に，生活指導を重視した実践ではその指導目的のために多くの表現形式を指導していた。佐々井の「科学的綴り方」に代表されるように，生活指導を重視した実践では，客観的に生活を考察することを求めたため，描写による主観の表現だけでなく，説明文や調査報告文といった文章形式の指導も含めて指導していた。生活指導のための表現指導の内容が多岐にわたり高度な表現技術を含むものであったことは特筆すべき事柄であろう。しかし，実際には指導を計画通りに進めることは非常に困難であったようである。佐々井が提案した調査分析の構想手順に対しては，高度す

ぎて小学校の児童にはできない活動ではないかとの疑問が寄せられ[72]，国分も1937年の時点で自らの実践と児童の実態を省察するなかで，児童のほとんどは文章表現の技術や知識をほとんど習得できていないと記している[73]。

　東京高師附小をはじめ各府県の師附小が，前述したように順序正しく綴ることができればよいとする見解を示し，指導方法を具体化しなかったために，その指導内容や方法を具体化する必要が生じていた。また，生活指導を重視した実践が1930年頃に勃興するが，そうした実践者たちが表現指導について具体的に言及するようになるのは，1933年頃の表現指導重視への転換以降であった。つまり，1923年に『小学綴方教授細目』が発表されてから，児童の生活の表現である文章の表現指導と生活指導を行う綴方での表現指導の内容について，具体化の役割を担ったのが，本研究で取りあげた菊池や富原，古見など，表現指導を重視した実践を展開していた教員たちであったと言えよう。

　なお，記述前の生活観照や記述後の文章表現指導，生活指導については，別稿で明らかにする。

[................................ 引　用　文　献 ....]

1）初等教育研究会編『小学綴方教授細目』培風館，1923，pp.2-3
2）滑川道夫『日本作文綴方教育史2〈大正篇〉』国土社，1978，p.433
3）田中豊太郎「綴り方研究の出発」『教育研究』229号，初等教育研究会，1921，p.34
4）この指導事項と教授細目の特徴や，教員飯田和明の研究や主張が細目に大きく影響していることは，高森『大正昭和初期における生活表現の綴り方の研究―東京高師付属小学校教師の実践と理論―』で詳細に検討されている。
5）初等教育研究会編『小学綴方教授細目』pp.303-304
6）田中豊太郎『生活創造綴方の教育』目黒書店，1924年，pp.289-290, p.347
7）大内善一「作文教育における『描写』論の史的考察」『秋田大学教育学部研究紀要　人文・社会科学』第三十七集，秋田大学教育学部，1987
8）飯田恒作「描写と新しい文章」『教育研究』第220号，初等教育研究会，1921，p.42
9）飯田恒作『綴方指導の組織と実際』目黒書店，1926，p.419
10）田中豊太郎『五年生への文話　綴方のおけいこ』目黒書店，1930，pp.152-154
11）滑川『日本作文綴方教育史2〈大正篇〉』p.433
12）拙著「師範学校附属小学校の各課教授法等にみる綴方教育の目的―小学校令施行規則との関連に着目して―」『早稲田大学教育学会紀要』第15号，早稲田大学教育学会，2013
13）東京府青山師範学校附属小学校編『高等小学各科教授細目1編』広文堂書店，1912，pp.165-173。東京府青山師範学校附属小学校編『尋常小学各科教授細目第1編国語科』広文堂書店，1911，p.489, p.491
14）東京府青山師範学校附属小学校編『尋常小学綴方教授細目』隆文館，1926，pp.1-6
15）同上，p.489, p.491
16）静岡県浜松師範学校附属小学校『各科指導指針』静岡県浜松師範学校附属小学校，1926，pp.34-35
17）愛知県岡崎師範学校附属小学校『体験生活深化の真教育』東洋図書，1926，p.189
18）大分県師範学校附属小学校編『図画・綴方・書方の研究』大分県師範学校附属小学校，1926，pp.4-5
19）帝国教育会編纂『綴方教授に関する最新研究　上巻』文化書房，1922，p.350
20）岡山県女子師範学校附属小学校『各科新教育の実際』駸々堂出版部，1927，pp.432-433

21) 三重県女子師範学校附属小学校初等教育研究会『各科学習指導の理論と実際』三重県女子師範学校附属小学校初等教育研究会，1928，pp.99-100
22) 栃木県女子師範学校附属小学校『指導の実際を基調とせる各科教授要項』集英堂書店，1927，pp.71-72
23) 宮崎県師範学校附属小学校編『各科教授要綱』宮崎県師範学校附属小学校，1927，p.40
24) 前掲 12) 拙著。1930年代前半は，17冊中9冊で条文を用いずに独自の目的を設定，7冊が「小学校令施行規則」の条文に準拠して目的を設定していたが，1930年代後半には，22冊中4冊が「小学校令施行規則」の条文をそのまま用いて目的を設定，9冊が「小学校令施行規則」の条文に準拠して設定しており，独自の見解を提示していたのは4冊であった。
25) 埼玉県女子師範学校附属小学校編『生活教育の理論と実際』文泉堂書房，1933，pp.178-179
26) 熊本県第一師範学校附属小学校『各科指導現象的学習法』教育実際社，1931，pp.133-134
27) 同上，pp.137-138
28) 佐賀県女子師範学校附属小学校編『農道精神錬成への農村学校の教科経営』文教書院，1937，p.144
29) 山口県女子師範学校附属小学校『各科教授指針』山口県女子師範学校附属小学校，1929，p.58
30) 熊本県第一師範学校附属小学校『各科指導現象的学習法』教育実際社，1931，p.138
31) 山口県女子師範学校附属小学校『勤労教育の原理と実際』山口県女子師範学校附属小学校，1930，pp.225-226
32) 和歌山県師範学校附属小学校『労作教育による各教科各学級経営の実際』章華社，1931，pp.190-191
33) 岐阜県師範学校附属小学校『新綴方系統案』文教書院，1936，p.31
34) 同上，p.114
35) 山口県師範学校附属小学校国語研究部『綴方指導細目とその取扱の実際』山口県師範学校附属小学校国語研究部，1933，p.93
36) 同上，p.26
37) 奈良県女子師範学校附属小学校『共同社会生活を基調とせる教科経営の実際』文泉堂書房，1934，p.98
38) 岡山県師範学校附属小学校『組織と体系を基調とせる教科経営の実際』修学社，1932，pp.182-183
39) 菊池知勇「表現眼目の確立」『綴方教育』第6巻第1号，文録社，1931，p.2
40) 菊池知勇「新時代の綴方教科書（その二）」『綴方教育』第1巻第2号，文録社，1926，p.59
41) 菊池知勇「新時代の綴方教科書（その十）」『綴方教育』第2巻第2号，文録社，1927，pp.78-79
42) 同上，pp.76-77
43) 菊池「新時代の綴方教科書（その三）」『綴方教育』第1巻第3号，文録社，1926，pp.73-76
44) 古見の実践については，拙著「昭和初期における古見一夫の綴方教育観 ―記述前構想と表現を重視した綴方教育―」『アジア文化研究』第21号，国際アジア文化学会，2014，pp.23-39で考察を行った。
45) 群馬県女子師範学校附属小学校研究部編『全体観に立つ各科教授の要諦』文教書院，1935，pp.150-151
46) 富原義徳「文話の仕方（文話小見3）」『教育・国語教育』7月号，1931，pp.125-126
47) 佐々井秀緒『科学的綴り方教育の設営』厚生閣，1933，p.79
48) 同上
49) 同上，pp.84-85
50) 同上
51) 同上，p.81
52) 大田堯他編『国分一太郎文集5 生活綴方とともにⅠ』新評論，1984，p.195
53) 富原義徳「情・景・語」『児童文苑』高2，7月号，1929，p.25。富原義徳「景は心で活かされる」『児童文苑』尋5，11月号，1926，p.57。「情・景・語」を加筆修正したものが，1931年の著書『教室用綴り方』に掲載されている。富原義徳『教室用綴り方』厚生閣書店，1931，p.487
54) 富原『教室用綴り方』pp.486-489
55) 菊池知勇「新時代の綴方教科書（その十九）」『綴方教育』第2巻第12号，文録社，1927，p.96
56) 同上，pp.96-97

57) 菊池知勇「新時代の綴方教科書（その七）」『綴方教育』第1巻第8号，文録社，1926，p.76，菊池「新時代の綴方教科書（その八）」『綴方教育』第1巻第9号，文録社，1926，p.76
58) 菊池「新時代の綴方教科書（その七）」p.87
59) 同上，pp.87-88。「さてその論じ方を見ると，現在の規則のうちで，改正しなくともいいものをあげ，次に改正しなければ困るものをあげかういふわけだからこゝを改正してくれといふ論じ方です。いふべきことをきちんきちんとのべて，ちつともまごついてゐません。うまいものです。論じ方も申文ありません。（中略＝引用者）結びなどおどろくべき鋭さです。議論はかうなくてはなりません。」
60) 同上，p.152
61) 古見一夫『形象原理に立つ綴方教育の実際』厚生閣書店，1932，pp.17-18。古見が「象徴的」という言葉を用いていたのには，田中王堂の『象徴主義の文化へ』（博文館，1924年）が影響している。古見は1933年の『綴方教育』第8巻第3号で「田中王堂氏の象徴主義文化の提唱にヒントを得て，短歌並に俳句への精神から得た創作的心境を以て，乏しくも象徴主義綴方教育を建設した」と記載している。田中の書で俳句が取り上げられているのは，「象徴主義的」な物事の説明においてであり，「建築に於ける茶室」「文学に於ける俳句」「絵画に於ける浮世絵」は，「わが国民性の最も不覊なる発動の取つた最も自由なる様式として，わたし共の象徴主義的文明の最も光彩ある精華を成して居る」とされている。この田中の主張に影響を受けて，俳句創作の経験を活かした自らの綴方教育において，物事を文章で表現することを「象徴的」に表現すると古見は解説していた。田中王堂『象徴主義の文化へ』博文館，1924，pp.49-51
62) 佐々井秀緒『新文話と綴り方教育』厚生閣，1931，pp.199-200
63) 佐々井秀緒「科学的綴り方教育試論」『教育・国語教育』11月号，厚生閣，1932，p.35
64) 木村英治「科学性をもつた綴方」『綴方生活』第3巻8号，郷土社，1931，pp.66-69
65) 大田『国分一太郎文集5　生活綴方とともにⅠ』pp.50-51
66) 小砂丘忠義「言葉でなく，事柄で」『鑑賞文選　尋六』1929年10月号。前掲『小砂丘忠義教育論集　下』p.924
67) 小砂丘忠義「文章技術の徹底的注入―尋五・六綴方の拓野―」『綴方生活』第7巻4月号，郷土社，1935，p.20
68) 中内敏夫『生活綴方成立史研究』明治図書出版，1970，p.540
69) 同上，p.52，p.64
70) 国分一太郎「尋二綴方指導案」『教育・国語教育』第4年12月号，厚生閣書店，1934，p.89。指導案では，「十二月綴方予定」に「冬をむかへる言葉―（一行詩）」，「生活詩」についての単元が含まれている。大田『国分一太郎文集5　生活綴方とともにⅠ』p.215
71) 中内『生活綴方成立史研究』pp.734-740
72) 佐々井の実践に対しては，「一般の中以下の児童にはやれさうにない」といった疑問が寄せられていた。佐々井はこれらの質問に対して，なぜ指導せずにできることに対して週に2時間も授業があるのだと反論し，低学年や文章表現の苦手な児童にも可能な実践であると説明しているが，それを裏づける学年別の指導系統案の提示はできておらず，各地の教員が自らの実践のなかで取り入れるには佐々井の主張は不十分であったと言わざるを得ない。佐々井『科学的綴り方教育の設営』pp.219-220
73) 大田『国分一太郎文集5　生活綴方とともにⅠ』p.110

特集2
教師・保育者の専門性の発達

　職業とは，知識や技能などによりまとめられた職務のことをいい，職務ごとの専門性にもとづくものである。経験を積むことにより知識や技能などは熟達し専門性も高まるものであるが，ただ経験年数を重ねればよいものではない。誰もが学び続けるしか方法はないのだ。教師や保育者の専門性を考えるときも，もちろん該当するだろう。

　本特集は，教師・保育者の専門性の発達をテーマとしている。専門性を高めていく手段として研修があげられるが，これらについての政策や方策などの現状についての分析を行う論考を収録している。専門性の発達について，議論が深まっていくことに期待したい。

第1章
保育者の専門性と保育実践の質の維持・向上をはかる研修の実態
文 | 北野　幸子

第2章
保育士の研修に係る法的規定に関する考察
文 | 矢藤誠慈郎

[第1章] 保育者の専門性と保育実践の質の維持・向上をはかる研修の実態

|文| 北野　幸子

はじめに　──保育者の専門性と研修──

　2017（平成29）年，幼稚園教育要領・保育所保育指針・幼保連携型認定こども園教育・保育要領（以下「教育要領」「保育指針」「教育・保育要領」とする）が，一斉に改訂（定）となった。保育に関するこの10年の研究成果や実践の積み重ねが反映され，保育界の研究および実践に携わる代表的な方々や，各保育関連組織の代表者の方々の知見が反映され，改訂（定）されたこの法規定が，保育専門職のよりどころとなることを切に願っている。改訂（定）について，筆者が注目していることの一つは，認定こども園，保育所，幼稚園のいずれもが，幼児教育の場と規定され，そのねらい，内容，内容の取扱いが，制度として統一されたことである。これにより，経験主義的な教育や，環境を通じた教育，その具現化をはかる上での環境構成や援助の工夫といった保育専門職独自の専門性がより認識され，その維持・向上が不可欠である点への理解が深まり，その発展が大いに期待される。

　その専門性の維持・向上のためには，現職の保育専門職の研修が不可欠である。とくに，保育の仕事は人とかかわる専門職の仕事であり，その仕事の質の向上のみならず，維持にも研修が不可欠であることはいうまではない。それは，ほかの人とかかわる専門職と同様である。

　本論では，まず，保育専門職における研修の位置づけを整理したい。次に，国内外の保育者研修システムについて，その現状と開発動向を検討したい。さらには，筆者がささやかに微力ながらもかかわらせていただいている，園や地域の研修開発の事例を紹介したい。論者は，これからの研修のシステムづくりと，各地域や一つひとつの園による研修開発が，ボトムアップの改革のように進められていくことを願っている。実際，各地域でのさまざまな創意工夫が展開しているようにも思う。本論におけるレビューや，提案，事例の紹介は，拙いものではあるが，各園や各地域の研修開発にささやかながらもアイディアが提供できれば，そして，それぞれの園や地域で保育専門

職による保育実践の質の維持・向上を進めていかれる上での一つのきっかけとなれば幸せであると考えている。

1. 保育専門職にとっての研修の位置づけ

　保育専門職に限らず，いずれの専門職にとっても，研究の発展や社会的な状況に応じて，専門知識と技術を最新のものに更新し，高めたりすることは，必要なことであるといえる。それは，たとえば，保育専門職でいえば，改訂（定）された関連する制度を知ることや，最新の研究成果から得られた新たな知見を学ぶこと，昨今の子どもの育ちをめぐる社会状況の特徴を知ることである。保育者不足や保育者の業務の多忙な状況から，研修時間の確保すら困難であるともいわれる今日，その制度化は，不可欠であるとも考える。制度化については，たとえば，幼稚園教諭に必須とされている免許更新講習が，保育士については制度化されていない。そういった制度の整備が今後ますます必要であると考える。

　これに加えて，保育専門職においては，人と接する専門職であるがゆえに，実践の積み重ねと，実践最中の省察，実践事後の省察も実践力の維持と向上に不可欠である。一人として同じ子どもはおらず一つとして同じクラスはない。また，子どもの遊びや生活の姿を見取り，判断することや，臨機応変に対応するなどの応用力が，保育者には日々求められており，それらは研修を継続しなければ，維持することが困難なものでもある。

　一般に専門職には，いくつかの要件があることが指摘されている。それは，簡単にまとめると，①養成教育システムと，②研修（現職教育）システムが確立されていること，③倫理規定があること，④資格があること，⑤社会的威信，つまりその社会的意義がみとめられていること，⑥報酬が保障されていること，⑦職歴パターン，つまりキャリアパスが形成されていること，⑧市場が独占されている，つまりその専門職にしか任すことができない仕事があるということなどである。

　これらは，さらに，普遍的な傾向が強いものと，可変的な傾向があるものとに分けて考えることもできる。たとえば，保育専門職でいうならば，一方で「児童の最善の利益を守る」という大前提（これは，上記⑤につながるものでもあるが）や，守秘義務，人権意識，専門意識，真摯な姿勢，学習の継続意欲といったもの（上記③にあたるもの）は，普遍的要素がより強いものであろう。他方で，専門知識には，理論知や，発達知，保育内容，子どもや保護者，社会の人間関係や環境など，普遍的な要素と可変的な要素を含むものがある。専門技術には，実践技術，社会資源活用技術などがあるが，これらにも普遍的な要素と可変的な要素がある。さらには，実践にあたっては，

とっさにライブで判断する力，専門知識と専門技術を活用する力，臨機応変に，また創意工夫して応用する力が必要である。

よって，可変的な傾向の強い専門要件を考え，保育専門職において，研修が不可欠であることを認識し，その制度化を図る必要があると考える。ましてや繰り返すが一人として同じ子どもはおらず，一つとして同じクラスがない保育の現場では，養成教育と研修システムを確立し，それが実際に機能せねばならないと考える。可変的な要素があることと，個々の子どもやクラスに個別性が高いこと，保育におけるライブ性の高さを考えれば，保育者が研修すること，つまり，学び続けることは不可欠であり，研修によってこそ保育専門職の実践の質の維持がはかられるからである。

保育者の専門性をあらわす，知識，技術，実践力（判断力，活用力，応用力）の構造化を試みたものが，以下の図1である。保育を支える力量としては，まず，机上であるいは養成段階で学び身につけることができる力，つまり一般基礎力と専門基礎力があると考える。一般基礎力とはつまり，発達の特徴や，子どもの生活環境や社会，人間関係とその特徴といったものである。専門基礎力とは，教育要領や保育指針，教育・保育要領にあるもの，全体的な計画，保育内容の5領域，集団保育の基礎などである。実践力（判断力，活用力，応用力）と関連し，一般基礎力を活用して子どもを理解する力（子ども理解力），洞察し理解した子どもの姿を踏まえ，専門基礎力を活かして，実践をつくる力（実践構成力），保育実践をしながらライブで状況を判断し，決断して実践する力（洞察・判断力），そして省察し，PDCAサイクルなどを行ってこれによって，手ごたえがあった実践の特徴を確認し，自分の力として蓄えていったり，自らの課題を抽出して宿題を課し，改善をはかったりする力（成長力）が，保育者の専門性として整理できると考える。

とくに人と接する専門職である，保育の実践現場では，個別性とライブ性が強い。

図1　保育者の専門性：知識・技術・実践力（判断力，活用力，応用力）

教科や教科書が存在しない保育実践では，子ども理解力，実践構成力，洞察・判断力が，重要な専門要件であるともいえる。

この要件は，実践とその実践の省察つまり，振り返ることにより維持・向上させていくものである。かつてより，たとえば，ドナルド・ショーン（Schön, 1983）[1]は，①実践しながら省察することを推奨し，ジョン・デューイ（Dewey, 1933）[2]は，②実践した後に振り返り考えることが必要であると指摘してきた。これに加えて筆者は，③「もし……したら，……なっていたかもしれない」といったシミュレーションを行うことも不可欠であると考えている。保育実践における判断力や応用力，活用力は，①〜③によって，選択肢を増やしていきながら維持・向上させていくものであると考える。

以上を踏まえて考えた場合，保育者の研修のシステムの整備不可欠である。以下，その整備状況に関する国内外の動向について，整理したい。

2. 日本の保育者研修システムの現状と開発動向

[1] 教育要領・保育指針の改訂（定）について

2017年の改定前の旧保育指針では，第4章「2（2）保育所の自己評価」において，「全職員による共通理解をもって取り組むこと」が記されており，第7章においては，研修を個々の保育者の努力義務，研修の企画を施設長の責任として位置づけていた。つまり，保育士一人ひとりが研鑽を積むことや，施設長が研修を計画したり，職員への援助や助言に努めたりすることとして規定されていた。この度の改定では，その点が改善されていると考える。実際，改定された保育指針の「第5章　職員の資質向上」では，「1　職員の資質向上に関する基本的事項」において，「（1）保育所職員に求められる専門性」と「（2）保育の質の向上に向けた組織的な取組」が明示された。それに「2　施設長の責務」と「3　職員の研修等」が続く。また，「4　研修の実施体制等」において，「（1）体系的な研修計画の作成」と「（2）組織内での研修成果の活用」「（3）研修の実施に関する留意事項」が記されている。

「保育所保育指針解説」（厚生労働省, 2018）では，改定の方向性として5項目あげられている。そのうちの5番目の項目として「（5）職員の資質・専門性の向上」があげられている。そこでは，「組織として保育の質の向上に取り組むこと」と，「一人一人の職員が，主体的・協働的にその資質・専門性を向上させていくこと」の必要性が示されている。新しい保育指針においては，園長等の役割と個々の保育士の自助努力が明示されているが，それに加えて主語が人ではない記述もみられる。解説では，実

際にこれを支える制度の改革として，2017年4月あらわされた，「保育士等キャリアアップ研修ガイドライン」が定められた（平成29年4月1日付雇児保発0401第1号厚生労働省雇用均等・児童家庭局保育課長通知）ことについても言及されている。なお，「保育士等キャリアアップ研修ガイドライン」については，後ほど検討したい。

保育指針の上位法規にあたる児童福祉法に基づく，児童福祉施設設備及び運営に関する基準においては，表1のように，「第7条の2 第2項」において，「児童福祉施設は，職員に対し，その資質の向上のための研修の機会を確保しなければならない」とあり，主語が人ではない記述がある。この度の指針の改定においてもその点の変化がみられる。研修は，園長や保育者の責務としてだけではなく，制度としての充実も図られることが，今後ますます期待される。

保育士と比較して，教諭については，かつてより，教育基本法の第9条に教員自身が研修と修養に努めることに加えて，教員に対する養成と研修の充実を図らねばならないこととされてきた（表2参照）。とくに，「身分の尊重」と「待遇の適正」，「養成と研修の充実を図ること」が明示されている点が重要であると考える。

表1 「児童福祉施設の設備及び運営に関する基準」における研修の位置づけ

（児童福祉施設における職員の一般的要件）
第7条 児童福祉施設に入所している者の保護に従事する職員は，健全な心身を有し，豊かな人間性と倫理観を備え，児童福祉事業に熱意のある者であって，できる限り児童福祉事業の理論及び実際について訓練を受けた者でなければならない。
（児童福祉施設の職員の知識及び技能の向上等）
第7条の2 児童福祉施設の職員は，常に自己研鑽に励み，法に定めるそれぞれの施設の目的を達成するために必要な知識及び技能の修得，維持及び向上に努めなければならない。
2 児童福祉施設は，職員に対し，その資質の向上のための研修の機会を確保しなければならない。

表2 「教育基本法」における研修の位置づけ

第9条 法律に定める学校の教員は，自己の崇高な使命を深く自覚し，絶えず研究と修養に励み，その職責の遂行に努めなければならない。
2 前項の教員については，その使命と職責の重要性にかんがみ，その身分は尊重され，待遇の適正が期せられるとともに，養成と研修の充実が図られなければならない。

人とかかわる専門職である保育の仕事は，その質の維持・向上のために，研修が不可欠であることは自明なことである。保育者は，ほかの人とかかわる専門職と同様，専門知識と技術を最新のものにしたり，高めたりする必要がある。改訂（定）された関連する制度を知ることも，最新の研究成果を学ぶことも，昨今の社会状況の特徴を

知ることも不可欠であり，幼稚園教諭に必須とされている免許更新講習もその趣旨による。加えて，実践の積み重ねと，実践の省察も実践力の維持と向上に不可欠である。また，子どもの遊びや生活の姿を見取り，判断することや，臨機応変に対応するなどの応用力が，保育者には日々求められており，それらは継続しつづけなければ，維持することが困難なものでもある。

[2] 保育士等キャリアアップ研修システム

　改定された保育指針においては，「保育所においては，当該保育所における保育の課題や各職員のキャリアパス等も見据えて，初任者から管理職員までの職位や職務内容等を踏まえた体系的な研修計画を作成しなければならない」とされている。また，子ども・子育て支援法（平成24年法律第65号）に基づく特定教育・保育等に要する費用の額の算定において，2017年度より技能・経験を積んだ職員に対する処遇改善のための加算が創設された。さらには，先にあげた「保育士等キャリアアップ研修ガイドライン」（平成29年4月1日雇児保発0401第1号）が定められた。

　2017年6月，全国保育士会が設置した「保育士等のキャリアアップ特別委員会」の報告書『保育士・保育教諭が誇りとやりがいをもって働き続けられる，新たなキャリアアップの道筋について』[3]が発行された。

　これは，2年にわたる議論のもと示されたものであったが，時期的に「保育士等キャリアアップ研修ガイドライン」が示されたのちに発行されたものである。よって，同ガイドラインは，残念ながら古いデータ，つまり「全国保育士会・新たな保育制度への対応に関する検討委員会報告（第1次）『保育士のキャリアパスの構築に向けて』」（平成23年12月）[4]に掲載されている専門領域分野についての枠組みのデータが活かされることとなってしまっていると考える（なお，全国保育士会では，研修体系が平成19年に発行され，平成23年の改訂版に続き，さらに改訂2版が平成30年に示されている）。つまり，上記特別委員会報告書が明らかにした階層性や具体的な内容や，新しい研修体系については，「保育士等キャリアアップ研修ガイドライン」には，盛り込まれていない。この報告書や保育士・保育教諭の研修体系，各地域でガイドラインを活かし発展させてよりよいものがつくられていくことを期待する。

　なお，各地で研修システムが検討されるうえで，考慮すべき点がいくつかると考える。まず第一点としては，そもそも研修とは，保育の質の維持・向上をはかる上で不可欠なものであり，処遇改善というインセンティブをつけるために，与えられた時間と内容の研修を，与えられた手順で実施し，それで達成（終わり）と位置づけるものではない，ということである。研修とは，そもそも保育者自身が必要と感じ，子どものために培いたい力量形成を自覚しながら行うものであると考える。

　第二点は，保育者の専門性において，実践力（判断力，活用力，応用力）が大切であり，知識と技術が実践力とつながり，はじめてその研修の成果が問われるのではない

か，ということである。ガイドラインでも，演習やグループワークといった方法論が例示されているが，公開保育や園内研修との組み合わせなどの検討が今後期待される。のちに紹介するが，筆者が携わっている舞鶴市では，公開保育とその事後検討会も京都府に申請し，キャリアアップ研修に位置づけられている。

　第三点は，資格と，任すことのできる業務内容，処遇の3点がセットとなっていることを前提とするということである。

　保育者のキャリアアップの体系化については，各機関の提示しているものを参考とすることが望まれると考える。たとえば，「保育士等（民間）のキャリアアップの仕組み・処遇改善のイメージ」（平成28年度厚生労働省委託事業シンポジウム「保育士のキャリアパスに係る研修体系等の構築にむけて」（平成29年3月7日開催）で明示された①新任（おおむね3年まで），②分野別リーダー（おおむね3～7年），③副主任，④主任（主幹保育教諭），⑤園長といった階層化がある。また，全国保育士会では，①初任者（目安：3年目まで），②中堅職員（目安：4年目から5年目の職員），③リーダー的職員（目安：6年目から10年目の職員），④主任保育士・主幹保育教諭等管理的職員（目安：11年目以上の職員）が提示されている（表3参照）[5]。加えて，保育教諭養成課程研究会では，文部科学省の「平成29年度　幼児期の教育内容深化・充実調査研究」による委託事業の研究成果報告書において，幼稚園教諭・保育教諭としての成長（72ページ図2参照）をしめしている。これらの整合性を検討していくことが，今後望まれる。

　キャリアアップの研修の実施については，2017年（平成29年）4月1日に厚生労働省雇用均等・児童家庭局保育課長よりあらわされた「保育士等キャリアアップ研修の実施について」の通知と保育士等キャリアアップ研修ガイドラインでは，以下の研修分野が提示された（表4参照）。インセンティブの対象となる副主任の要件としての研修は，いずれの研修分野についても15時間とし，うち4つの分野の研修を必要としている。保育者の研修を考えた場合，この研修の分野の位置づけと，時間配分には検討の余地があると筆者は考えている。

　たとえば，アの専門分野別研修は，①と②は保育専門分野研修であり，③～⑥は保育関連分野研修といえるであろう。①，②は保育者に独自な保育専門分野であり，③～⑥は，ほかの特化した専門職の分野であり，実際に他職種の専門職がいる。保育においては，他職種との連携も必要であると考える。また，③は障害児保育に加えて，経済格差問題や児童虐待問題など特別な支援を必要とする場合への対応を含むべきではないかと考える，「社会的養護と特別支援保育」としてはどうかと考える。さらには，④は昨今，睡眠や生活リズムなどの研究も盛んである点も考慮し，「基本的生活習慣」としてはどうかと考える。さらに加えて，⑥には小学校や地域との連携も含み「家庭・地域連携」としてより広く分野を構想してはどうかと考える。

表3　保育士・保育教諭の研修体系

※目安	初任者 ※入職3年目までの職員	中堅職員 ※4年目から5年目の職員	リーダー的職員 ※6年目から10年目の職員	主任保育士・主幹保育教諭等管理的職員 ※11年目以上の職員
求められる保育士・保育教諭の姿	①「子どもの最善の利益の尊重」の理念を理解し、基礎的な保育実践ができる。 ②チームによる保育のなかでの自分の役割を理解し、助言を受けながら日常的業務を実施できる。 ③安心・安全な保育を意識できる。 ④家庭から子どもに関する日々の情報を収集するとともに、日々の保育内容等を保護者に的確に伝えられる。 ⑤保護者の話を聴き、適切な対応を行うことができる。 ⑥保育者自身が自己の能力を発揮し、自己実現できる。	①「子どもの最善の利益の尊重」にもとづき、応用的な保育実践ができる。 ②的確な判断・対人理解に基づく保育実践ができる。 ③安心・安全な保育を実践できる。 ④自らの保育を客観視・言語化し、保育のあり方、内容を向上させるために、同僚や上司と確認や議論ができる。 ⑤保健・医療を初めとする関連領域について一定の知識をもち、他職種と適切に連携できる。 ⑥業務改善、組織の活性化に貢献できる。 ⑦自己の能力を理解し、資質の向上を図ることができる。 ⑧初任者の手本となる行動を示し、日常的業務について助言できる。 ⑨家庭から子どもに関する日々の情報を収集するとともに、日々の保育内容等を保護者に的確に伝えられる。 ⑩保護者の話を聴き、適切な対応を行うことができる。 ⑪保育実践研究を行うことができる。	①各クラスや小チームのリーダー（とりまとめ役）として、チーム員を率先できる。 ②チーム員同士の「気づき」や「情報」を共有し、保育研究をリードしたり、学んできた専門知識と、経験に基づき、保育の実践を深め（または探求し）展開し、伝えたりすることができる。 ③他職種と共通の認識に立ち、保育の目標設定、実施、評価などを行うことができる。 ④チーム員に対し、「子どもの最善の利益」が実施できるよう指導・助言を行ったり、日々の業務における適宜・適切な指導・助言を行うことができる。 ⑤主任保育士・主幹保育教諭をサポートし、クラス等のチームの業務改善や、目標が達せられるよう促すことができる。 ⑥制度や社会について十分理解できる。 ⑦チーム、組織に対して、業務の改善、システム化など、常に問いかけと働きかけを行うことができる。 ⑧保育所・認定こども園等を利用していない地域の子育て家庭に対して、適切な助言・支援などを行うなど、地域全体に向けた子育て支援に取り組むことができる。 ⑨関係機関と関わり、必要な調整を行うことができる。 ⑩自己の能力を理解し、資質の向上を図ることができる。 ⑪養成課程の現状を把握し、実習指導の方法を習得し、実習指導ができる。 ⑫保育実践研究を企画・立案・指導ができる。	①保育士・保育教諭を統括し、サービス水準の向上、業務推進の管理、環境整備等の責任を負うことができる。 ②組織として「子どもの最善の利益の尊重」が実施できているかどうか、保護者とのパートナーシップによる保育が実践できているか、子育てにおける地域の中核機関としての機能を果たしているか、などを把握し、必要な指導・教育を実施し、人材を育成することができる。 ③園全体の保育士・保育教諭の責任者として、運営管理、人事管理、組織目標（保育水準や経営目標）の策定や評価に関わり、達成する。法令遵守と倫理の実現を堅持し、リスク管理（予防・早期対処）を適切に行うことができる。 ④関係機関との連携責任者として機能することができる。 ⑤地域に働きかける（保護者会や子育て関係のNPO等の支援や組織、地域資源の強化・開発と活用、新しいサービスの創造・開発）ことができる。 ⑥施設長と連携・協働し、施設全体の保育の質の維持・向上に努め、適正な施設運営の一翼を担うことができる。 ⑦領域別の高い専門性を有する。
業務	☐ 日常の保育業務、チームによる保育業務の経験を積む。 ☐ 保育指導計画を策定する。 ☐ 保護者との連携に基づく保育を行う。 ☐ 保護者支援（言葉がけなど）を中堅職員の横で同席する。	☐ 初任者の指導をする。 ☐ 保護者との連絡・調整を行う。 ☐ 保護者に対する相談援助を行う。 ☐ 初任者と日々の業務を共有する。 ☐ リーダーや副主任との連携をすすめる。	☐ 主任保育士・主幹保育教諭を補佐し、一定の業務単位における職員の管理、指導、評価など、組織運営を補佐する。 ☐ 地域の子育て支援の取り組みを担当する。 ☐ チームによる保育業務を支援・指導する。 ☐ 自身の保育の特徴を認識し、それを活用する。 ☐ リーダーは、職員の話を大事に聞く。	☐ 施設長を補佐し、保育所・認定こども園等全体の職員管理、指導、評価など組織運営に携わる。 ☐ 保育指導計画を評価する。 ☐ 全体像を見つつ、職員に適切にアドバイスする。 ☐ 施設長の補佐、指導計画の評価指導、自己評価の二次評価を行う。

（出典：全国保育士会『保育士・保育教諭の研修体系』2018）

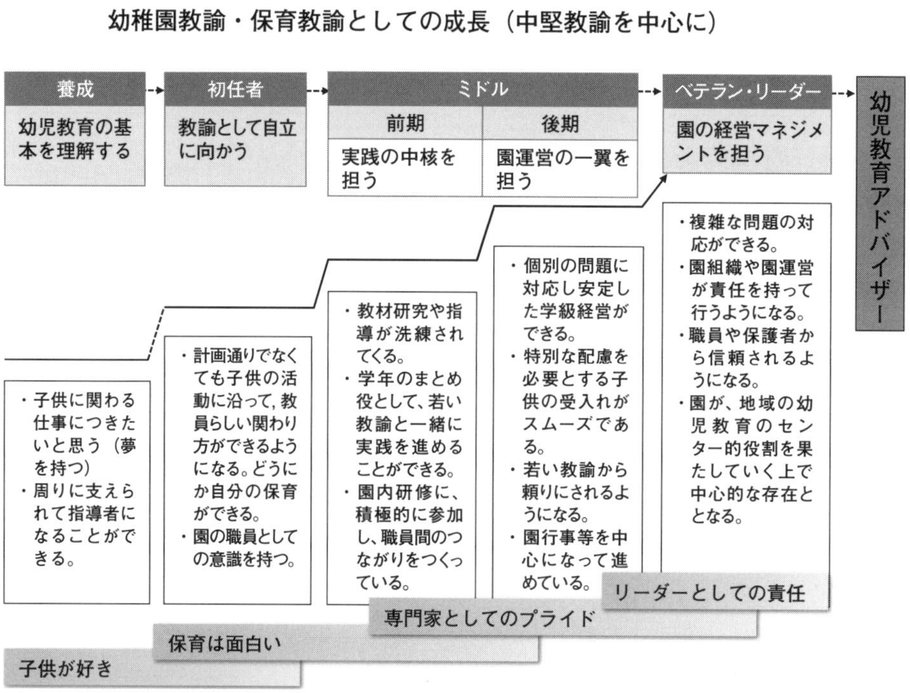

幼稚園教諭・保育教諭としての成長（中堅教諭を中心に）

養成	初任者	ミドル		ベテラン・リーダー	幼児教育アドバイザー
幼児教育の基本を理解する	教諭として自立に向かう	前期 実践の中核を担う	後期 園運営の一翼を担う	園の経営マネジメントを担う	

- 子供に関わる仕事につきたいと思う（夢を持つ）
- 周りに支えられて指導者になることができる。

- 計画通りでなくても子供の活動に沿って、教員らしい関わり方ができるようになる。どうにか自分の保育ができる。
- 園の職員としての意識を持つ。

- 教材研究や指導が洗練されてくる。
- 学年のまとめ役として、若い教諭と一緒に実践を進めることができる。
- 園内研修に、積極的に参加し、職員間のつながりをつくっている。

- 個別の問題に対応し安定した学級経営ができる。
- 特別な配慮を必要とする子供の受入れがスムーズである。
- 若い教諭から頼りにされるようになる。
- 園行事等を中心になって進めている。

- 複雑な問題の対応ができる。
- 園組織や園運営が責任を持って行うようになる。
- 職員や保護者から信頼されるようになる。
- 園が、地域の幼児教育のセンター的役割を果たしていく上で中心的な存在となる。

子供が好き　保育は面白い　専門家としてのプライド　リーダーとしての責任

（出典：『保育教諭養成課程研究会「幼稚園教諭・保育教諭のための研修ガイドⅣ」』2018, p.12, 文部科学省「平成29年度　幼児期の教育内容深化・充実調査研究」の委託費による）

図2　幼稚園・教諭保育教諭としての成長

表4　保育士等キャリアアップ研修ガイドラインの研修分野

ア　専門分野別研修
　①乳児保育
　②幼児教育
　③障害児保育
　④食育・アレルギー対応
　⑤保健衛生・安全対策
　⑥保護者支援・子育て支援
イ　マネジメント研修
ウ　保育実践研修

　時間については、処遇改善の要件としても最低限で分野別リーダーが1分野（15時間）、副主任が4分野（4×15時間）の研修が提示されているが、この時間数も今後検討が必要であると考える。そもそも、教諭（教育公務員）については、初任者研修と10年研修が法定研修として位置づけられており、園内10日、園外10日の研修が必須とされている。1日6時間と想定すると園外で60時間の研修がなされていることなる。この度の保育士等のキャリアップ研修は単独年度での研修ではないが、10年研修の60時間が15時間×4分野と一致することから、両者の整合性がとられているようにも

思う。

　2019（平成31）年に予定されている教育免許法の改定では，10年研修がよりフレキシブルになる。つまり必ずしも10年目に固定して実施される研修ではなく，前後の研修で可能となる。その点，保育士の副主任の研修の時期とも重ねることが可能であるとも考える。

　保護者の就労にかかわらず，日本のすべての乳幼児期の子どもの教育に携わる保育専門職の研修時間の確保やその内容の最低基準の設定が共通化されること，つまり一体的なシステムづくりが今後必要であると考える。これは，人権問題として，子どもの教育保障の観点からも，また保育者の働き方のあり方の保障の観点からも，検討が必要であると考える。

　教育要領や保育指針などの改訂（定）では，乳児（0歳児），1，2歳児，3歳児以上の保育のねらいや内容が明示され，共通化が図られ，子どもの教育保障が充実したと考える。①乳児保育，②幼児教育の研修の充実をはかりながら，初任から園長までの研修体系が各地で精査され，形づくられることにより，保育者の専門性の維持・向上がはかられる。なお，保育指針では，英語による表記との整合性が図られ，0歳児＝infant，1，2歳児＝toddler，3歳以上児での記述となったが，養成課程や研修の領域においても，これとの整合性を図ることが必要であると考える。

　ポイントを集めて，クリアするといった受け身の研修ではなく，必要性や自明性が自覚されかつ，より長いスパンでのビジョンに基づく研修体系が各地でつくられていくことを期待している。なお，検討の参考に，拙いながら私案を提示させていただく。

　まず，初任から3年目を目安に，実際の担当が乳児クラスか幼児クラスであるかによって，まずはその分野（①乳児保育　②幼児教育）の研修をしっかり学ぶことが推奨されると考える。教諭についての法定研修である初任研修において，園内10日，園外10日の時間が確保されている。これとの整合性を図ることを目標としつつ，まずは，15時間が目安となるとも思われる。

　次に，分野別リーダーや副主任になる前に，またなった後でも，他職種の専門性と異なる，保育に特化した分野である①と②の研修の継続は必要であろう。分野別リーダーになる前に，乳児や幼児クラスの主担任を任されるようになる場合も多いと考える。副主任になる前に，主担任として同じクラスの同僚に助言したり，保護者に保育を可視化をしたり発信をしたりする力量を形成し，さらには分野別リーダーとして自分の得意分野を開発し，発展させることが期待されると考える。

　副主任の要件には，4つの分野の研修を必須とするこの度のシステムと，インセンティブが維持されることを期待したい。主任には，これまでの責務に加えて，園内研修や公開保育を企画したり，分野別リーダーや副主任対象の研修をしたり，実習生指導をしたり，といった力量の形成が期待されると考える。これらの要件の資格化（公定価格との連動）は，今後の検討課題であると考える。たとえば，各地の初任研修か

ら，副主任要件にかかわるキャリアアップ研修の講師の認定資格の要件となる研修，園内研修や公開保育コーディネーターの認定資格の要件となる研修，実習生指導の認定資格の要件となる研修，この3つの資格化とインセンティブづくりは可能ではないかと考える。

保育専門職は，先に述べたように，その学ぶべき要件には可変的なものがある。各地で，研修システムを常に見直し再構築することが重要であると考える。

[3] 保育専門組織の動向

先に，全国保育士会の研修体系づくりについては表3において，保育教諭養成課程研究会については図2で紹介した。保育教諭養成課程研究会では，『幼稚園教諭・保育教諭のための研修ガイド』をⅣ[6]まで公刊しており，それは，ホームページで公表されている（http://www.youseikatei.com/）。以下，その他の保育専門組織における研修体系創りの動向を概観する。

●全国認定こども園協会

全国認定こども園協会では，認定こども園の園長・副園長（教頭）ステップアップ研修を，1年目，2年目，3年目以降を対象に，2日ずつの構造的な研修を開発している。

●全国保育協議会

全国保育協議会は，26ある活動指針の一つとして，研修体系を確立し，研修意欲を高め，職員が積極的に研修に取り組む環境をつくることを掲げている。実際の研修プログラムの開発，認証制度の実施と普及，養成校との連携により進めている。その成果は，平成18年に『保育士の研修体系－保育士の階層別に求められる専門性－』[7]，平成21年度に『保育所長の研修体系－学習領域と具体的研修内容－』[8]が示されている。さらには平成23年度に先に紹介した『保育士のキャリアパスの構築に向けて 全国保育士会・新たな保育制度への対応に関する検討委員会報告（第1次）』[4]が著され，平成30年は刷新される。研修ポイントとレポート等による5年更新の「保育活動専門員」認証制度もある。

●全国私立保育園連盟

全国私立保育園連盟は，職階別や勤続5年研修等の経験別で研修を提供している。ほかに「保育カウンセラー養成講座」を開設し，これは5年更新である。

●日本保育協会

日本保育協会では，中央や地方支部の研修の提供に加えて，保育士資格を有してい

ない保育所長対象の研修，独自な形態としては障害児保育，乳児保育，保護者支援という分野の研修を実施している。さらには，アクセスフリーの「保育e-learningシステム」を開発している。

● **全日本私立幼稚園連合会**

　全日本私立幼稚園連合会は，おもに公益財団法人全日本私立幼稚園幼児教育研究機構と私学研修福祉会の予算を活用し研修を企画提供している。同機構は全国としては，「幼児教育実践学会」を立ち上げており，ブロックと県ごとの研修も体系化されている。研修俯瞰図が作成されており，研修内容は，A子どもの人権，B望ましい教師像，C教育理論，D幼児理解，E保育の計画と実践，F地域，家庭支援，教育相談の6つの研修内容分野からなっている。初級，中級，上級・主任・設置者・園長の，3つの階層ごとにさらに細かく整理されている。幼稚園教諭の一人ひとりが研修ブックを持ち，自分の研修の記録を個人ベースで蓄積している。なお，京都府では保育士等のキャリアアップ研修とかかわり，この度キャリアパスポートが作成された。全日本私立幼稚園連合会では「公開保育コーディネーター養成」とその更新制度も創られておりその広がりも期待される。

3.
海外の保育者研修システムの現状と開発動向

　2014年のEUの報告書（EU, 2014）[9]によれば，2009年の段階では，各国で研修は自助努力的なものであったが，このたび調査では，その必修化が進められていることが指摘されている。保育者の研修については，①必修となっていることと，②昇進要件となっていることの2点で調査がされている。また，①幼い年齢の子ども（多くの場合3歳未満児）対象の施設と，②幼児（多くの場合は3歳児以上）対象の施設とで分類して比較検討されている。

　①と②のいずれの施設に関しても，保育者の研修が義務化されておりかつ，昇進要件となっている国は，エストニア，スペイン，クロアチア，ポルトガル，ルーマニア，スロバニアの6か国である。ドイツとオーストリアについては，州（カントン・地域）によって規定があるところもある。

　①の幼い年齢の子どもについては任意で課せられていないが，②の幼児の保育施設には課せられている国としては，ブルガリア，チェコ共和国，フランス，イタリア，マルタ，UK（ウェールズと北アイルランド），スイス（大半の州（カントン））があげられている。

　研修が必修ではないが，昇進と関連づけられている国としては，ギリシアとポーラ

ンドがある。

　有資格の保育者以外の，いわゆるアシスタントなどについても研修を義務化している国としては，ルクセンブルグ，スロバニア，UK（イングランドとスコットランド）がある。

　園長資格については，①免許資格，②現職経験，③管理職対象研修の受講，といった3つの要件を満たすことが提示されおり，管理職対象の特別な研修の提供がなされている。ヨーロッパでは，調査対象の35か国中，園長要件として現職経験を課さない国は，①の幼い子ども対象の施設については13か国地域，②の幼児対象の施設については8か国地域である。研修については，図4のとおり，ハンガリーの360時間を筆頭に，要件整備が進められている。なおハンガリーでは園長のみならず，保育者全般に対して，免許更新制度が大学・大学院等での講義受講などの連携しながら研修として整備されている。

Countries requiring a minimum period of compulsory training before or after appointment as a head in centre-based ECEC settings, 2012/13

Settings for **younger** children

	BE fr	BE de	BE nl	BG	CZ	DK	DE	EE	IE	EL	ES	FR	HR	IT	CY	LV	LT	LU	HU
Length	⊗	⊗	⊗	⊗	⊗	⊗	*	160 h	⊗	⊗	100 h	⊗	⊗	⊗	⊗	⊗	⊗	⊗	⊗

	MT	AT	PL	PT	RO	SI	SK	FI	SE	UK (1)	UK-SCT	IS	TR	LI	NO	CH
Length	:	160* lessons	280 h	⊗	⊗	144 h	⊗	⊗	⊗	⊗	60 ECTS	⊗	⊗	:	⊗	*

Settings for **older** children

	BE fr	BE de	BE nl	BG	CZ	DK	DE	EE	IE	EL	ES	FR	HR	IT	CY	LV	LT	LU	HU
Length	120-140 h	150 h	⊗	:	100-350 h	⊗	*	160 h	⊗	⊗	100 hours	⊗	⊗	4* months	160 h	⊗	⊗	na	360 h

	MT	AT	PL	PT	RO	SI	SK	FI	SE	UK (1)	UK-SCT	IS	TR	LI	NO	CH
Length	60 ECTS	160* lessons	:	⊗	60 h	144 h	160-200 h	⊗	⊗	⊗	60 ECTS	⊗	⊗	:	⊗	*

⊗ No headship training required　　* Depends on regions/*Länder*　　: Duration not available

Source: Eurydice.　　UK (1) = UK-ENG/WLS/NIR

図4　ヨーロッパにおける園長要件としての研修の実施状況　　（Key Data on ECEC, 2014）

　チリ，チェコ，デンマーク，エストニア，イタリア，ポーランド，ロシア，アメリカ（US）の比較調査（Bertram & Pascal, 2016）[10]のデータによると，現職研修については，チリとデンマークは任意，チェコは主任のみ要件（required），エストニアは担任保育者と，主任，園長について要件，イタリアは主任については必須（mandatory），ポーランドでは看護師，保健師，医者に要件，ロシアでは，担任に加えて，教育アシスタント，さらには，各種セラピスト，音楽教諭，心理士などに要件，アメリカでは公立幼稚園教員のみに要件となっていた。

　OECDでは，保育の研修についての国際比較を多数行っているが，量的公私格差，

施設種や従事者による差を課題としてあげている[11]。新人研修の充実を図るために、ニュージーランドや、ベルギーフランダース地方などで、新任指導資格制度や、メンター制度が工夫されつつあり、研修の普遍化も、意識されつつある。なお、アメリカの各州、オーストラリアの各地域、シンガポールなどでは研修がキャリアップと関連している。

OECD（2017）[12]では、保育者のワークフォースの国際比較分析を行っているが、研修とかかわる問題としては、①資格要件の比較、②保育職の子どもと直接接する時間とそれ以外の時間の実態の比較等のデーが分析されている。①については、資格の階層化とそのキャリアアップについて研修が関連している。②については、子どもと直接接する時間以外に、記録や教材研究、環境構成、そして、研修時間が含まれている。

①については、いわゆるプレ・プライマリーレベルの保育者の資格要件が各国で学士レベルとなっている（37か国地域中27）ことを指摘しつつもそのキャリアアップのあり方や、研修体系には差があることが課題として指摘されている。②に関しては、平均すると調査対象国全体では法定勤務時間のうち83％が子どもと接する保育時間となっており、それ以外がいわゆるノンコンタクト・タイムとなっている。なお、もちろんノンコンタクト・タイムには、研修時間が中心というよりも、記録や教材研究、環境構成などの時間も含まれている。各国差が大きく、保育時間が65％以下の国としては、コロンビア、チリ、イギリス、ギリシアがあるが、90％以上の国としては、フランス、ハンガリー、イスラエル、トルコなどがある。

アメリカでは、かつてより保育専門組織である全米乳幼児教育協会（NAEYC）が、学士レベルと修士レベルの養成課程と認証システムや、現職対象の認定システムを構築している。この20年では、保育の質の評価とシステム（Quality Rating and Improvement Systems、以下「QRIS」）が各州で導入されており研修についても評価項目にあげられている。さらに、2015年に表された米国医学研究所（IOM）と全米研究委員会（NRC）とによる0歳から8歳の子どもの保育に携わる保育者のワークフォースの喫緊な改善を訴えた報告書（IOM & NRC, 2015）[13]が起爆剤となって、NAEYCがイニシアティブをとり、全国規模での大キャンペーン「Power to the Profession」（専門職化運動）が起こっている。

なお、保育の質の評価システム（QRIS）では、各州が評価項目を設定し、評価の結果をホームページで公開しており、園情報も開示されている。情報の公開の機能化による保育の質の維持・向上への効果は期待できると考える。保育者の研修については、各州で保育者の学位や専攻、キャリアといったものが記載されているものに加えて、詳しく資格や研修について評価し、開示している州もある。

ウィスコンシン州では、もっとも評点が細かく設定されている。「養成と研修」や、「研修の実態」が点数化され、開示されている。保育者や園長などの資格要件に加えて、保育者評価に研修項目があるかどうかや、研修資料教材の充実、園長や管理職の

学会参加，研修費の支弁などの項目がある。その他，メリーランド州では5段階評定が，テネシー州では3段階評定が導入されている。数値による研修状況の公開については，ネバダ州では，研修に参加した職員の割合や，キャリアアップ研修の結果による職階ごとの職員数が，ユタ州では，保育者の研修時間や，同階級ごとの職員数が公開されている。

以上，世界各国で，制度づくり，評価の導入によるインテンシブをつけたり，開示による自己制御・向上機能を図ったりなどの工夫が研修にかかわり広がっていることが明らかになった。

4. 保育実践の質の維持・向上をはかる研修開発の試み

保育者の研修は制度により保障されるべき部分（時間，場，経費など）と同時に，保育者自身や組織の主体性に基づく，保育者の自負につながる自己実現や自己発揮，組織の独自性の発揮や創意工夫による発展とつながるべき部分も多々あると考える。以下，いくつか地域において開発している研修の事例を参考までに紹介したい。

[1] 園内公開保育の試み
――すべての担任の公開と小学校・大学に開いた継続的研修――

神戸大学附属幼稚園では，毎年，6つのクラスのすべての担任が年に一度，自らの保育を公開する。すべての担任が公開するため，6日は研究日が設けられることとなる。長年，その年ごとに，工夫して方法を改善してきているが，数年前から大学教員の参加の形態となり，また，隣接する小学校教員が部分的に可能な時間参加する姿もみられるようになってきた。なお，筆者は，昨年すべての会に参加させていただいた。

登園から降園（当日は午前保育となる）まで，一つのクラスについて，副園長とすべての担任とともに観察する。その後，日案について，場面ごとやトピックス事についてのコメントと疑問を付箋に観察者が書き，園内研修会開始までに壁一面に付箋を貼っておく。

園内研修会は，午後5時までの時間を十分に活用する。公開した担任保育者の自評の後，司会者が付箋をまとめながら，付箋を書いた人に問いやコメントを聞き出しながら，質疑応答や提案など意見交換を行う。

園内公開保育とそれに続く園内研修会では，同僚とともに振り返りがなされる。それぞれが，問いとかかわり，自分の場合はどのように，環境構成をしたり，子どもへの言葉かけをしたり，援助しているのか，などの具体的な例をあげながら，対話する。悩みや疑問への手がかり，ときによりよいアイディアの創出がなされる。身近な園内

でまずは，保育の公開を実施し，一緒に保育を考える同僚性の形成が図られることが期待される。

[2] 継続的公開保育と往還型ドキュメンテーション
―地域一体型研修による同僚性創り研修―

筆者は，舞鶴市での研修開発の事業にかかわらせていただき，6年目に入った。その第一の特徴は，幼保公私を超えて，地域一体型研修の開発を試みていることである。近年では小学校教員の参加もみられる。さらには，中学校教員と，地域，家庭との連携も図り，市の乳幼児教育ビジョンを策定にもつながった。

第二の特徴は，年8日程度行う，研修の継続性である。とくに年度の最初と最後には，保育の質の維持・向上を図るためには，「保育の独自性と保育者の専門性」について誇りを持ち，自覚することがまずは大切であるとの考えから，講演等で「保育の独自性と保育者の専門性」について何度も確認する機会を設け続けており，また加えて，年度の終わりには，保育者が自らの言葉で「保育の独自性と保育者の専門性」を表現する力の向上を図ることをめざし，ドキュメンテーションを参加すべての園がパネルに貼り，ポスター発表のような意見交換の場と時間を設けたり，報告会で登壇して研修について語る機会を設けたりしている。専門職としての自負や誇り，そして互いへの尊敬の気持ちが育まれているとの実感がある。

第三の特徴は，保育を開くことを趣旨とした研修の開発を試みたことである。研修開発の当初から公開保育や，ドキュメンテーションを持ち寄り自らの保育実践を間接的に公開することが，保育の実践の質の維持・向上に大変有効な方法であるとの考えがその根底にはあった。保育実践においては，唯一無二の正解といえる方法はなく，また保育の実践はパーセンテージで評価できるものではない。よって，〇か×かとか，点数をつけるような研修ではなく，ともに考え高める，参加者が尊敬しあい対等な立場で保育を語り，考える研修であることを目指した。実践について一方が教え，他方が教わるといった一方向的な教授的な研修だけではなく，双方向的な研修がすすめられている。保育の公開については，初年度は躊躇があったが，昨年度は，公開の日数よりも公開希望園が多いといった実態がおこっている。2年連続公開した園においては，1年前の事後検討会で議論された内容がすべて改善されていることに感銘も受けた。

第四の特徴は，往還型研修を目指していることである。単発研修ではない点が，保育者一人ひとり，さらには園が変化を実感できることにつながっている。園外の研修と園内の研修がつながっている。たとえば，園外研修である公開保育や，ドキュメンテーションの公開には各園で1名しか参加できない場合でも，持ち帰り各園の園内研修に活用される。園外研修について持ち帰り園内で報告や園内研修に発展させるといった事例は多くの園でも実施されていることと思う。舞鶴市では，たとえば，園内

研修で事例検討やドキュメンテーションづくりを共同で行う。保育者1名が園外研修でそれを持ち寄り，ほかの園の保育者と議論したり，自園の実態と照らし合わせたり関連づけながら全体研修に参加したりする。その結果を持ち帰り園内研修に生かす。さらには，次回のドキュメンテーション研修に誰が参加するか，それまでに園内で工夫することを考える，といった往還型の研修が実施されている。

舞鶴市の研修について，保育者からは，いくつかの評価を得ている。その一つは，保育の見方の変化があったといった声である。保育を構造的に考えるようになったといった声が届いている。『子どもの姿（興味関心や，生活課題など）から導き出された「ねらい」や「育てたいこどもの姿」などの教育意図性があったのか』『子どもの姿が前提となっていて「ねらい」が設定されていたのか』『「ねらい」の具現化のための「環境構成」や「援助の工夫」となっているか』そして「実際はどうだったか。そう判断する根拠はどういった子どもの言葉や行動からか」といったことへの意識，問いかけの習慣が定着し，実際のドキュメンテーションの記述にも，「きっかけ」「発達」「保育者のねがい」「5領域との関係」「育ってほしい姿との関係」についての記述が増えた。公開保育後の事後検討会においても，感想や賛美，疑問のみの提示などの印象評価や印象批判だけではなく，自分のみとりや，実践への代替案の提示といった当事者意識の高い，また同僚性が感じられる発言や記録が多くなった。

研修の成果として，結果からプロセスへの視点の転換についての指摘もある。往還型研修を目指したが，その成果も得られたように思う。たとえば，園内研修では時間が限られ，視野も狭いため，拙速に「子どもに〇〇させねば」「自分は〇〇できているか」といった視点での振り返りが多かったが，公開保育で参観し，ゆとりをもって「子どもが何に興味をもって，どう楽しんでいるのか」「保育者の関わりを子どもがどうとらえているのか」「子どもが何を必要としているのか（教材の量や種類，環境構成）」「本当に子どもが幸せそうか」といった異なった視点でみることができたこと，それを自園の環境構成や教材開発に反映させた，といった感想もあった。

保育の可視化と発信の技術が向上したという評価も得られている。実際，ドキュメンテーションそのものも変化した。研修開始当初は，ポートレートのような子どもの顔写真やかわいらしさを意識した写真中心であったが，その後，子どもの視線の先など子どもと対面ではなく子ども側からの写真が増えた。子どもの興味関心，活動の変化をあらわすものも多くなっていった。記述内容も，子どもの様子と先生の感想や，できた，できなかった，といった結果をあらわすもの中心から，育ちの変化，学びの内容，保育者の教育的意図や五領域の内容へと変化した。保育者からは作成にかかる時間が減ったことや，書くことへの苦手意識が減りつつあること，園内でもほかのクラスへの関心を発達の視点から持つようになったこと，語彙が増えて保護者への説明がしやすくなったといった感想もあった。行事や一斉活動を，子どものそのときどきの興味関心に応える形で問い直したり縮減したりした園もある。

おわりに

　本稿では，保育実践の質の維持・向上に不可欠な研修についてその位置づけ，国内外の研修システムの現状と開発状況を明らかにし，その課題や今後についての展望を図った。また，研修開発の事例について紹介した。

　そもそも日本では，保育者養成課程における実習の期間が短い。世界では平均的には15週，北欧では20－22週である。また，実習指定園制度がないこと，実習園における実習指導者の資格化が図られていないこと，養成校における実習指導教員の資格要件が単純であることなどの課題もある。実習そのものの構造化が図られていない場合もあるといった現状がある。この反面，日本の現職研修については，個々の園，保育専門組織が自律的にシステムづくりを行ってきており，機能している点があげられる。この点は世界的にも誇れる実態であると考える。

　今後はその制度の改革がさらに望まれる。研修時間の確保や，実践力の向上に伴う，インセンティブによる処遇改善はさらに進められていくべき課題と考える。一方で，制度化により，そもそもの研修のあり方が損なわれてしまってはならないとも考える。つまり，与えらえた研修ではなく，保育専門職の独自性へ確認や自負につながる当事者意識の高い参画型の研修の開発が，各園や，地域で進められていくことが望まれるであろう。

　なお，北野（2017）[14]では，2010年以降発行された，保育の質をテーマとした海外の研究を分析した。その結果，研修にかかわる研究が多いこと，また保育の質については，とくに研究のトレンドが，保育の構造的質や，どういったカリキュラムを導入すれば，効果があるかといった定点的な研究から，プロセスや開発による変化を対象とした研究に移行している点が明らかになった。つまり，構造やプログラムがいかに子どもの育ちや学びの姿によりよい影響を与えるのかといったことを分析する研究から，実際のプログラム開発や，研修の導入とその研修開発を行う研究への志向が明らかになった。日本においても地域や園で研修開発が進められており，今後その発展がますます期待されると考える。

引用文献

1) Schön, Donald Alan（1983）*The Reflective Practitioner : How professionals think in action.* London : Temple Smith.（D. A. ショーン，柳沢昌一・三輪建二（監訳）『省察的実践とは何か ―プロフェッショナルの行為と思考―』鳳書房，2007）
2) Dewey, John（1933）*How We Think-A restatement of the relation of reflective thinking to the educative process* DC. Heath and Company
3) 全国保育士会『保育士等のキャリアアップ特別委員会報告書『保育士・保育教諭が誇りとやりがいをもって働き続けられる，新たなキャリアアップの道筋について』2017
4) 全国保育士会『保育士のキャリアパスの構築に向けて　全国保育士会・新たな保育制度への対応に関する検

討委員会報告（第1次）』2011
5）全国保育士会『保育士・保育教諭の研修体系』2018
6）保育教諭養成課程研究会『幼稚園教育・保育教諭のための研修ガイドⅣ』2018（文部科学省「平成29年度幼児期の教育内容深化・充実調査研究」の委託費による）
7）全国保育士会『保育士の研修体系 ―保育士の階層別に求められる専門性―』2006
8）全国保育士会『保育所長の研修体系 ―学習領域と具体的研修内容―』2009
9）European Commission / EACEA / Eurdice / Eurostat, (2014) *Key Data on Early Childhood Education and Care in Europe 2014 Edition.* Eurodice and Eurostat Report
10）Bertram, T. & Pascal, C. (Eds) (2016) *Early Childhood Policies and Systems in Eight Countries: Findings from IEA's Early Childhood Education Study.* International Association for the Evaluation of Educational Achievement (IEA).
11）OECD (2015) *Starting Strong* Ⅳ OECD
12）OECD (2017) *Starting Strong 2017* OECD
13）Institute of Medicine and National Research Council (2015) *Transforming the Workforce for Children birth through Age 8: A Unifying Foundation.* The National Academies Press.
14）北野幸子「第1章 先行研究のレビュー 第2節 海外における幼児教育の質に関する研究の動向」国立教育政策研究所『幼小接続期の育ち・学びと幼児教育の質に関する研究〈報告書〉』2017

[第2章] 保育士の研修に係る法的規定に関する考察

|文| 矢藤誠慈郎

1. 本稿の目的

　本稿の目的は，保育士の研修に係る法的規定について検討することにより，保育士の資質および専門性の向上に関する制度上の課題について考察し，これからの資質向上方策について検討することである。

　就学前の子どもの施設の専門職の代表的なものに保育士と幼稚園教諭があるが，その専門性の確保と向上に関する規定は，法令の構成のあり方からして異なっている。後に詳しく述べるが，保育士は児童福祉施設の職員として「児童福祉施設の施設及び運営に関する基準」において研修を求められているものの，具体的な義務に関する規定がない。また，保育士として法的に明示したものがなく，「保育所保育指針」においては，保育所において保育に従事する保育士ほかの職員を「職員」あるいは「保育士等」と合わせて記載しており，ここでも研修については強く推奨されているが，努力義務に留まる記載となっている。

　団体レベルでは，全国保育士会が『保育士の研修体系 ―保育士の階層別に求められる専門性―』[1]や『「保育士・保育教諭が誇りとやりがいを持って働き続けられる，新たなキャリアアップの道筋について」保育士等のキャリアアップ検討特別委員会報告書』[2]を示しているが，これを実際に運用して実効化する手立ては十分には進んでいない。

　一方で，幼稚園教諭においては，法律（教育公務員特例法）において，研修が明確に義務とされている。初任者研修，中堅教諭等資質向上研修があり，その実施が任命権者（自治体）に課されている。幼稚園教諭には，さらに教員免許更新制があり，最新の知識技能を定期的に得ることとされている。私立幼稚園教諭は同法の適用外であ

るが，全日本私立幼稚園教育研究機構が，研修体系を示して俯瞰図として示して各研修をその体系のなかに位置づけ，それに沿って研修の履歴を残すための研修のハンドブック[3]を作成するなど，私立幼稚園全体としての研修体系の実質化に努めている。

本稿では，こうした状況も含めて検討しながら，保育の質の向上や保育者の専門性の向上がより明確に目指されるようになってきたなかで，保育士の研修がどのように制度のなかに組み込まれているのかについて検討し，その過程をたどり，保育士の資質および専門性の向上について制度上の課題を示したうえで，これからのあり方について検討したい。

2. 保育士の研修の法令上の位置づけの検討

本節では，関連法令および保育所保育指針から，保育士の研修が法令上どのように定められているかについて概観する。

［1］法律における規定

まず，児童福祉法の上位法である社会福祉法において，職員研修について「第5章 指導監督及び訓練」の「訓練」（第21条）に，「この法律，生活保護法，児童福祉法，母子及び寡婦福祉法，老人福祉法，身体障害者福祉法及び知的障害者福祉法の施行に関する事務に従事する職員の素質を向上するため，都道府県知事はその所部の職員及び市町村の職員に対し，指定都市及び中核市の長はその所部の職員に対し，それぞれ必要な訓練を行わなければならない」と規定されている。児童福祉法に基づく保育所に勤務する保育士の研修について都道府県が実施義務を負っていることになる。

保育士資格に着目してみよう。保育士資格については児童福祉法第6節「保育士」（第18条の4〜24）に規定されている。保育士は「保育士の名称を用いて，専門的知識及び技術をもつて，児童の保育及び児童の保護者に対する保育に関する指導を行うことを業とする者」と定義され，続いて，欠格事由，資格，指定保育士養成施設，保育士試験，登録などについて示されている。保育士のあり方については，信用失墜行為の禁止，秘密保持義務，名称独占について示されているが，研修については規定がない。つまり，保育士という資格に特化した研修の規定はない。

たとえば，看護師については，保健師助産師看護師法という資格名称を含む法律名となっており，その研修について，同法第28の2に「保健師，助産師，看護師及び准看護師は，免許を受けた後も，臨床研修その他の研修（保健師等再教育研修及び准看護師再教育研修を除く。）を受け，その資質の向上を図るように努めなければならない」明示されている。

児童福祉施設の職員一般に広げてみてみると，厚生労働省令「児童福祉施設の設備及び運営に関する基準」において，「児童福祉施設の職員は，常に自己研鑽に励み，法に定めるそれぞれの施設の目的を達成するために必要な知識及び技能の修得，維持及び向上に努めなければならない」（第7条の2「児童福祉施設の職員の知識及び技能の向上等」）と，職員自身が研修に努めることを，また同項2では，「児童福祉施設は，職員に対し，その資質の向上のための研修の機会を確保しなければならない」として，施設が職員研修の機会を確保すべきであることが規定されている。

　つまり，保育士は，社会福祉施設および児童福祉施設の職員に含まれるので，研修について言及されているといえるが，保育士に特化した研修についての規定は法律にはない。

[2] 教員の研修についての法的な規定

　保育士に近接するほかの職種としては，学校教員があげられる。幼稚園教諭もいうまでもなく学校教員の一つである。保育士資格の規定の状況と比較するために，詳しく確認してみよう。

　教員の研修については，教育公務員特例法（以下，「教特法」）に規定されている。ただし同法は，地方公務員のうちの学校教員（つまり公立学校の教員）などを対象としたものであるので，私立学校教員には適用されない。文部科学統計要覧（平成29年版）によると，小学校以上では公立学校教員が圧倒的に多数を占める（国公立合わせて小学校で98.8％，高等学校で73.9％）ので，多くの学校教員をカバーし，そうした状況が，私立学校教員においても同等の研修を行うべきという機運を維持することにつながっていると考えられる。

　幼稚園教員については，私立園の教員が多い（79.0％）ために教特法の研修に関する規定がそのまま適用されてはいないが，全国レベルおよび各地の私立幼稚園団体が，地域差はあれ，教特法の研修に準じる形で研修を企画・運営している。参加しない園が一定数あることが課題ではある。

　さて，教特法には，「第4章　研修」として1章が割かれており，教師の権利と義務が明確に規定されている。第21条（研修）で，「教育公務員は，その職責を遂行するために，絶えず研究と修養に努めなければならない」として教員の努力義務を規定しており，それを具体化するために，「2　教育公務員の任命権者は，教育公務員の研修について，それに要する施設，研修を奨励するための方途その他研修に関する計画を樹立し，その実施に努めなければならない」と地方自治体の長が研修の計画を立て，実施する努力義務を負っている。

　第22条（研修の機会）では，「教育公務員には，研修を受ける機会が与えられなければならない」と教員の研修権をうたい，「2　教員は，授業に支障のない限り，本属長の承認を受けて，勤務場所を離れて研修を行うことができる」，「3　教育公務員

は，任命権者の定めるところにより，現職のままで，長期にわたる研修を受けることができる」と学校外であるいは長期にわたって研修を受けることもできることが示されている。

また，教員研修には，初任者研修，中堅教諭等資質向上研修と，キャリアの発達を念頭に置いた研修が規定されている。初任者研修は1988（昭和63）年に規定され，中堅教諭等資質向上研修は，2003（平成15）年に制度化された10年経験者研修が2017（平成29）年適用の法改正により置き換わったものである。

教特法第23条（初任者研修）では，「採用の日から一年間の教諭の職務の遂行に必要な事項に関する実践的な研修」を実施すべきこととし，その指導体制などについても規定されている。ただし，教特法附則第4条（幼稚園等の教諭等に対する初任者研修等の特例）において，幼稚園及び特別支援学校の幼稚部の教諭等に対しては，第23条第1項の規定について適用しないこととされ，1年間の初任者研修は行われない。その代わり，任命権者は，採用から1年に満たない幼稚園等の教員に対して，その職務の遂行に必要な事項に関する研修を実施することとし，市町村の教育委員会がその研修に協力する義務を規定している。この幼稚園新規採用教員研修は，1992（平成4）年度から始まった。このことについて文部科学省は，「幼稚園新規採用教員研修に関する文部省モデル」を示し，「幼稚園新規採用教員研修資料　—新しい先生とともに—」（平成16年3月）などによって，新規採用教員の指導のあり方や研修の内容・方法などについて示している。

中堅教諭等資質向上研修については，10年経験者研修から，学校内でミドルリーダーとなるべき人材を育成すべき研修に転換されて実施時期も弾力化され，第24条が「中堅教諭等資質向上研修」に変更された。同条によると，公立の小学校等の教諭等の任命権者は当該教諭等に対して，「個々の能力，適性等に応じて，公立の小学校等における教育に関し相当の経験を有し，その教育活動その他の学校運営の円滑かつ効果的な実施において中核的な役割を果たすことが期待される中堅教諭等としての職務を遂行する上で必要とされる資質の向上を図るために必要な事項に関する研修」を実施しなければならない。またその際，任命権者は受講者の「能力，適性等について評価を行い，その結果に基づき，当該者ごとに中堅教諭等資質向上研修に関する計画書を作成しなければならない」（同条2）とされている。第25条（研修計画の体系的な樹立）とともに計画的な実施にも配慮された規定となっている。

さらに，教員の指導力に問題がある場合に，とくに当該教員を対象として実施する「指導改善研修」がある。教特法第25条の2（指導改善研修）では，「公立の小学校等の教諭等の任命権者は，児童，生徒又は幼児（以下「児童等」という。）に対する指導が不適切であると認定した教諭等に対して，その能力，適性等に応じて，当該指導の改善を図るために必要な事項に関する研修」が規定されている。期間は1年（とくに必要があるときは2年まで延長可能。第2項），当該教員ごとに指導改善研修に関する計画

書を作成し（第3項），研修の終了時には，当該教員の児童等に対する指導の改善の程度を認定する（第4項）。指導改善研修を受けるべき者としての認定と，研修終了時の改善の程度に関する認定は，恣意的なものとならないよう，「教育委員会規則で定めるところにより，教育学，医学，心理学その他の児童等に対する指導に関する専門的知識を有する者及び当該任命権者の属する都道府県又は市町村の区域内に居住する保護者（親権を行う者及び未成年後見人をいう。）である者の意見を聴かなければならない」（第5項）と専門家および関係者によって客観的に判断することが促されている。なお，指導の改善の程度が不十分で，児童などに対する指導を適切に行うことができないと認定された教員に対しては，免職その他の必要な措置を講ずることも規定されている（第25条の3）。

　さらに，教員免許については更新制が導入され，2009（平成21）年から実施されている。教育職員免許法第9条（効力）では普通免許状の効力を10年と規定しており，第9条の3で免許状更新講習について規定している。免許状更新講習では30時間の課程を受講して，認定試験により修了が認定される。文部科学省ウェブサイト「教員免許更新制」[4]によると，更新制の目的は，「その時々で教員として必要な資質能力が保持されるよう，定期的に最新の知識技能を身に付けることで，教員が自信と誇りを持って教壇に立ち，社会の尊敬と信頼を得ることを目指すもの」とされており，不適格教員の排除を目的としたものではないことも付記されている。

［3］保育所保育指針における保育士の研修

　保育所保育指針に職員の研修について章または節のレベルにおいて明示されたのは，1999（平成11）年に改訂（この時点では「改定」ではなく「改訂」が用いられている），通知された保育所保育指針が最初である。そこでは，「第13章　保育所における子育て支援及び職員の研修など」として，子育て支援の意義などについて示すなかで，保育所の役割の拡大にかんがみて，「保育や子育て支援の質を常に向上させるため，保育所における職員研修や自己研鑽などについて，不断に努めることが重要である」とし，「3　職員の研修等」において，以下のように記されている。

> 　保育所に求められる質の高い保育や入所児童の多様な保育ニーズへの対応並びに子育て支援等のサービスは，職員の日常の自己学習や保育活動での経験及び研修を通じて深められた知識，技術並びに人間性が実践に反映されることにより確保できるものである。
> 　そのためには，所長及びすべての職員が保育やその他の諸活動を通じて，知見と人間性を深め，保育の知識，技術及び施設運営の質を高めるよう，常に自己研鑽に努めることが必要である。

> 　保育所では，所長はじめ職員全員が研修の意義及び必要性について共通理解を持ち，職員が研修に積極的かつ主体的に参画できるような環境づくりに心がけ，職員の資質の向上を図り，また，職員，所長及び保育所自身の自己評価を不断に行うことが求められる。
> 　所内研修，派遣研修は，保育所の職員体制，全体的業務などに留意して，体系的，計画的に実施する。また，自己評価は職種別あるいは保育所全体で個々に主体的かつ定期的に実施する。

　これが，次に述べる新・保育所保育指針における職員の資質向上に関する考え方の原点となっている。職員の自己研鑽，所長と職員の共通理解と研修に主体的に参画できるような環境づくり，自己評価，研修の体系的・計画的実施などについて，概要は現在も大きく変わってはいない。
　次に，2008（平成20）年改定・告示された保育所保育指針（旧版）と2017（平成29）年に改定・告示された保育所保育指針（新版）を新旧対照表から見てみよう。

新旧対照表

旧版（2008年3月28日告示）	新版（2017年3月31日告示）
第七章　職員の資質向上 　第一章（総則）から前章（保護者に対する支援）までに示された事項を踏まえ，保育所は，質の高い保育を展開するため，絶えず，一人一人の職員についての資質向上及び職員全体の専門性の向上を図るよう努めなければならない。 1　職員の資質向上に関する基本的事項 　職員の資質向上に関しては，次の事項に留意して取り組むよう努めなければならない。 （一）子どもの最善の利益を考慮し，人権に配慮した保育を行うためには，職員一人一人の倫理観，人間性並びに保育所職員としての職務及び責任の理解と自覚が基盤となること。 （二）保育所全体の保育の質の向上を図るため，職員一人一人が，保育実践や研修な	第5章　職員の資質向上 　第1章から前章までに示された事項を踏まえ，保育所は，質の高い保育を展開するため，絶えず，一人一人の職員についての資質向上及び職員全体の専門性の向上を図るよう努めなければならない。 1　職員の資質向上に関する基本的事項 （1）保育所職員に求められる専門性 　子どもの最善の利益を考慮し，人権に配慮した保育を行うためには，職員一人一人の倫理観，人間性並びに保育所職員としての職務及び責任の理解と自覚が基盤となる。 　各職員は，自己評価に基づく課題等を踏まえ，保育所内外の研修等を通じて，保育士・看護師・調理員・栄養士等，それぞれ

どを通じて保育の専門性などを高めるとともに，保育実践や保育の内容に関する職員の共通理解を図り，協働性を高めていくこと。
（三）職員同士の信頼関係とともに，職員と子ども及び職員と保護者との信頼関係を形成していく中で，常に自己研鑽に努め，喜びや意欲を持って保育に当たること。

2　施設長の責務
　施設長は，保育の質及び職員の資質の向上のため，次の事項に留意するとともに，必要な環境の確保に努めなければならない。
（一）施設長は，保育所の役割や社会的責任を遂行するために，法令等を遵守し，保育所を取り巻く社会情勢などを踏まえ，その専門性等の向上に努めること。
（二）第四章（保育の計画及び評価）の2の（保育士等の自己評価）及び（保育所の自己評価）等を踏まえ，職員が保育所の課題について共通理解を深め，協力して改善に努めることができる体制を作ること。
（三）職員及び保育所の課題を踏まえた保育所内外の研修を体系的，計画的に実施するとともに，職員の自己研鑽に対する援助や助言に努めること。

3　職員の研修等
（一）職員は，子どもの保育及び保護者に対する保育に関する指導が適切に行われるように，自己評価に基づく課題等を踏まえ，保育所内外の研修等を通じて，必要な知識及び技術の修得，維持及び向上に努めなければならない。

の職務内容に応じた専門性を高めるため，必要な知識及び技術の修得，維持及び向上に努めなければならない。

（2）保育の質の向上に向けた組織的な取組
　保育所においては，保育の内容等に関する自己評価等を通じて把握した，保育の質の向上に向けた課題に組織的に対応するため，保育内容の改善や保育士等の役割分担の見直し等に取り組むとともに，それぞれの職位や職務内容等に応じて，各職員が必要な知識及び技能を身につけられるよう努めなければならない。

2　施設長の責務
（1）施設長の責務と専門性の向上
　施設長は，保育所の役割や社会的責任を遂行するために，法令等を遵守し，保育所を取り巻く社会情勢等を踏まえ，施設長としての専門性等の向上に努め，当該保育所における保育の質及び職員の専門性向上のために必要な環境の確保に努めなければならない。
（2）職員の研修機会の確保等
　施設長は，保育所の全体的な計画や，各職員の研修の必要性等を踏まえて，体系的・計画的な研修機会を確保するとともに，職員の勤務体制の工夫等により，職員が計画的に研修等に参加し，その専門性の向上が図られるよう努めなければならない。

3　職員の研修等
（1）職場における研修
　職員が日々の保育実践を通じて，必要な知識及び技術の修得，維持及び向上を図るとともに，保育の課題等への共通理解や協働性を高め，保育所全体としての保育の質の向上を図っていくためには，日常的に職

（二）職員一人一人が課題を持って主体的に学ぶとともに、他の職員や地域の関係機関など、様々な人や場との関わりの中で共に学び合う環境を醸成していくことにより、保育所の活性化を図っていくことが求められる。

員同士が主体的に学び合う姿勢と環境が重要であり、職場内での研修の充実が図られなければならない。
(2) 外部研修の活用
　各保育所における保育の課題への的確な対応や、保育士等の専門性の向上を図るためには、職場内での研修に加え、関係機関等による研修の活用が有効であることから、必要に応じて、こうした外部研修への参加機会が確保されるよう努めなければならない。

4　研修の実施体制等
(1) 体系的な研修計画の作成
　保育所においては、当該保育所における保育の課題や各職員のキャリアパス等も見据えて、初任者から管理職員までの職位や職務内容等を踏まえた体系的な研修計画を作成しなければならない。
(2) 組織内での研修成果の活用
　外部研修に参加する職員は、自らの専門性の向上を図るとともに、保育所における保育の課題を理解し、その解決を実践できる力を身に付けることが重要である。また、研修で得た知識及び技能を他の職員と共有することにより、保育所全体としての保育実践の質及び専門性の向上につなげていくことが求められる。
(3) 研修の実施に関する留意事項
　施設長等は保育所全体としての保育実践の質及び専門性の向上のために、研修の受講は特定の職員に偏ることなく行われるよう、配慮する必要がある。また、研修を修了した職員については、その職務内容等において、当該研修の成果等が適切に勘案されることが望ましい。

　新版では、旧版の「職員」に加えて「保育士等」と記載することとなり、わずかではあるが、保育士の専門性が前面に出ることになった。ただし、保育士が業務独占でない現状にかんがみて、また看護師、調理員、栄養士なども保育に携わる職員と考えて、「保育士等」と表記されている。

内容については，次のような変化が見られる。

第一に，新版では「組織的な取組」が特出しされ，保育士等の資質向上のために，保育士個々の自己研鑽はもちろんであるが，組織として高め合うことがより強調されるようになった。その際，職位やそれに伴う職務内容への視点が導入され，キャリアパスを意識したものとなっている。

第二に，施設長の責務において，旧版の職員の自己研鑽に対する援助や助言が削除され，新版では，施設長自身の専門性等の向上と，保育の質および職員の専門性向上のために必要な環境の確保が引き続き求められている。また，職員の体系的・計画的な研修機会の確保に加えて，職員の勤務体制の工夫を求めて，職員が計画的に研修などに参加し，その専門性の向上が図られるよう努めることが規定されている。ここには，リーダーシップ観の変容が見て取れる。従来版では，優れたリーダーが保育士等にアドバイスする，つまり保育士等に指導を行う主体の一つとして施設長が想定されているが，新保育所保育指針では，リーダー自身がリフレクティブ（省察的）であることが求められ，保育士等が学び育つ環境を構成することが役割として相対的によりクローズアップされ，勤務体制の工夫といった具体的な取り組みについても言及されている。「先頭に立って引っ張るリーダーとそれに従うフォロワー」という関係性から，「自ら学び合い育ち合うチームのメンバーとその成長を支えるリーダー」という，いわゆるサーバント・リーダーシップ[5]を前提とした関係性にシフトしており，そのために限られた資源を活用して最大限の成果を上げるという「マネジメント」の視点が垣間見える。

第三に，職員の研修等に係る内容が次のように変化している。旧版では，自己研鑽と職員の主体性が強調されているが，新版では，「職場における研修」として，「日々の保育実践を通じて」資質向上を図り，「共通理解や協働性」を高めて，保育所全体として，つまり組織として保育の質の向上を図っていくというモデルで示されており，「日常的に職員同士が主体的に学び合う姿勢と環境」が重要として，いわゆる「園内研修」の充実が目指されている。さらに，保育士等がいわゆる園外研修に参加する機会が確保されるよう努めることが課せられた。すべての保育士等が園内外の研修から自ら学び，保育の質が個々の保育士の資質の結集であるとするモデルから，保育士どうしの学び合い，高め合い，支え合いなどが保育士の資質の高まりにつながり，保育の質を高めるという同僚性モデルに取って代わった。

第四に，新版では，研修の実施体制について，園の課題や職員のキャリアパスも見据えた「体系的な研修計画」の作成が求められ，任意の職員の園外研修での学びを園全体で共有することが推奨され，施設長が，研修の受講が特定の職員に偏らないよう配慮し，また，研修を終えた保育士がその成果を発揮できる職務内容となるよう配慮することとされた。保育士どうしの学び合いを促し，学びが生かされるような配慮がリーダーに求められている。すべての保育士等が学び，彼ら／彼女らが得た専門知を

マネジメントする,いわばナレッジマネジメント（knowledge management）[6]）が求められているのである。

[4] キャリアアップ研修

　保育士不足を解消するために政府は保育士の処遇改善を段階的に進めてきているが,さらに,ミドルリーダー育成のために,2017（平成29）年度より,「保育士等キャリアアップ研修」の制度をつくった（予算措置がなされて仕組みができたという意味でここでは「制度」と呼ぶ）。この通知は,「保育士等キャリアアップ研修の実施について」（平成29年4月1日雇児保発0401第1号　厚生労働省雇用均等・児童家庭局保育課長）として発出され,法定化されたものではなく,所管局長の通知ですらないという位置づけである。

　ここではまず,近年の子ども・子育て環境の変化による保育所の役割の多様化・複雑化にかんがみて,「保育士には,より高度な専門性が求められるようになっており」,「研修機会の充実によって,その専門性を向上させていくことが重要」と認識されている。そして保育現場において「園長,主任保育士の下で,初任後から中堅までの職員が,多様な課題への対応や若手の指導等を行うリーダー的な役割を与えられて職務にあたっており,こうした職務内容に応じた専門性の向上を図るための研修機会の充実が特に重要な課題」としている（なお,園長,主任保育士いずれも法的な規定はなく,法令上の職名ではない）。

　そして,改定保育所保育指針において,「保育所においては,当該保育所における保育の課題や各職員のキャリアパス等も見据えて,初任者から管理職員までの職位や職務内容等を踏まえた体系的な研修計画を作成しなければならない」ことが盛り込まれたことが,この制度の構築の根拠となっている。その概要はガイドラインとして示されており,以下にその抜粋を示す。なお,この制度は基本的に民間保育所の保育士を対象としている。

保育士等キャリアアップ研修ガイドライン（抜粋）

1　目的
　本ガイドラインは,保育現場におけるリーダー的職員の育成に関する研修である「保育士等キャリアアップ研修」（以下「研修」という。）について,一定の水準を確保するために必要な事項を定めるものである。

2　実施主体
　研修の実施主体は,都道府県又は都道府県知事の指定した研修実施機関（市町

村（特別区を含む。），指定保育士養成施設又は就学前の子どもに対する保育に関する研修の実績を有する非営利団体に限る。）とする。

3　研修内容等
（1）研修分野及び対象者
　研修は，専門分野別研修，マネジメント研修及び保育実践研修とし，それぞれの研修の対象者は次のとおりとする。
ア　専門分野別研修（①乳児保育，②幼児教育，③障害児保育，④食育・アレルギー対応，⑤保健衛生・安全対策，⑥保護者支援・子育て支援）
　保育所等（子ども・子育て支援法に基づく特定教育・保育施設及び特定地域型保育事業をいう。以下同じ。）の保育現場において，それぞれの専門分野に関してリーダー的な役割を担う者（当該役割を担うことが見込まれる者を含む。）
イ　マネジメント研修
　アの分野におけるリーダー的な役割を担う者としての経験があり，主任保育士の下でミドルリーダーの役割を担う者（当該役割を担うことが見込まれる者を含む。）
ウ　保育実践研修
　保育所等の保育現場における実習経験の少ない者（保育士試験合格者等）又は長期間，保育所等の保育現場で保育を行っていない者（潜在保育士等）
（2）研修内容
　研修内容は，別添1「分野別リーダー研修の内容」のとおりとし，「ねらい」欄及び「内容」欄に掲げる内容を満たしたものでなければならない。
（3）研修時間
　研修時間は，1分野15時間以上とする。
（4）講師
　研修の講師は，指定保育士養成施設の教員又は研修内容に関して，十分な知識及び経験を有すると都道府県知事が認める者とする。
（5）実施方法
　研修の実施にあたっては，講義形式のほか，演習やグループ討議等を組み合わせることにより，より円滑，かつ，主体的に受講者が知識や技能を修得できるよう，工夫することが望ましい。

4　研修修了の評価
　研修修了の評価については，研修修了者の質の確保を図る観点から，適正に行われる必要があり，15時間以上の研修（別紙1の「ねらい」欄及び「内容」欄に掲げる内容を満たしたものに限る。）を全て受講していることを確認するとともに，研

> 修の受講後にレポートを提出させるなど，各受講者の研修内容に関する知識及び技能の習得とそれを実践する際の基本的な考え方や心得の認識を確認するものとする。
>
> 　受講者が提出するレポートには，研修で学んだことや理解したこと，自らが担うこととなる保育内容と関連付け，今後，役に立つこと等を記載することを想定しており，レポート自体に理解度の評価（判定）を行って，修了の可否を決定することまでは想定していないことに留意すること。
>
> 　なお，研修の受講において，都道府県又は研修実施機関の指示に従わないなど，受講者の態度が不適切な者や研修内容の理解を著しく欠いている者等については，修了の評価を行わないことができるものとする。

　この施策の評価は，各都道府県の取組みや国が示すより具体的な基準などとその実施状況および効果を踏まえてということになろう。その際，一時的な保育士不足対策か，保育士の専門的なキャリア発達とリーダー育成の恒久化を目指すものか，つまり保育の量の確保のためか保育の質の維持・向上のためか，あるいはその両方かという観点から評価する必要があるだろう。法定化されていない以上，現状では恒久的な仕組みとはいえない。また，民間保育所の保育士のみが対象にされているという点において，保育士そのものの専門性とその開発にかかわる制度とはいえない。

　カリキュラムについては，十分に時間を費やして検討したとはいえない部分もあり，急ごしらえの感が否めず改善の余地が大いにあろう。「マネジメント研修」が設定されたことがミドルリーダーの研修として一つの意義を持つ。しかし，保育リーダーのリーダーシップやマネジメントについて，園長職のフォーマル（公式）な管理・運営の観点から語られがちで，インフォーマル（非公式）なリーダーシップについては経験則で語られることの多かった保育界において，保育学としてリーダーシップやマネジメントについて探究することは一つの潮流としてはまだ始まったばかりという感がある[7]。そうした状況において，この領域の講義を担当できる者の確保も課題である。

3. 考察

　以上の検討から，次の4点の課題などが見いだせる。
　第一に，保育士の専門性や資質向上のための研修については，法定化がなされていないため，その強制力および実効性という観点から考えると，きわめて脆弱である。

それを行政的な指導により進めているというのが現状であろう。可能なところから法に位置づけていくことが，制度の恒久性と予算の担保につながる。保育所保育指針は厚生労働大臣告示であり強制力を持つため，これに研修について記載されていることは一定の意義があるが，保育所保育指針は元来，保育の内容を定めるものであり，そこに保育士等の資質向上を組み込んで辛うじて法令の一端に加えているという状況である。たとえば「保育士法」など保育士に特化した法律を制定し，研修を法定化してその一部は義務とする規定が必要であろう。

第二に，園内研修が広く実践されるようになってきてノウハウ本が多く見られるようになってきた一方で，こうした組織的な取組みについて学術的な検討が追いついていないため，理論的および実証的な根拠に，まだ乏しい状況にある。リーダーシップやマネジメントについては，経営学や教育経営学に蓄積された知見があるので，いかに保育分野に援用していくかが課題となろう。

第三に，国の制度を待っているだけでよいのかという問題である。たとえば，看護師がその専門性の高度化を促し併せて社会的認知を高めるために，国の制度として修業年限を伸ばし，国家試験を備えたことに加えて，公益社団法人日本看護協会が，資格認定制度を構築し，専門看護師，認定看護師，認定看護管理者を置くなど，専門職団体として自律的に専門的訓練とその学びを認めてキャリアラダーとして可視化することに努めてきたことが参考になるだろう。保育団体や養成校の団体が協働して保育士のキャリア発達のグランドデザインを描いていく必要があるだろう。その際，幼稚園教諭あるいは保育教諭のあり方との整合性を図っていくことが求められる。

第四に，保育士の専門性や資質向上について語る際に，社会的養護に携わる保育士の専門性や資質とその向上についてどのように考え，整理していくのかが大きな課題として常に残る。このことは，保育士養成課程のデザインにも大きく影響する。保育士がどのような専門家であるかについて，実態に即して整理し，資格の分離や統合も視野に入れつつ検討していくことが求められる。

引 用 文 献

1）保育士の研修体系検討特別委員会『保育士の研修体系 ―保育士の階層別に求められる専門性―』全国保育士会，2011
2）保育士等のキャリアアップ検討特別委員会『保育士・保育教諭が誇りとやりがいを持って働き続けられる，新たなキャリアアップの道筋について』全国保育士会，2017
3）全日本私立幼稚園教育研究機構監修『改訂新版　研修ハンドブック』世界文化社，2018
4）文部科学省「教員免許更新制」http://www.mext.go.jp/a_menu/shotou/koushin/（2018年2月1日閲覧）
5）R.K.グリーンリーフ，金井真弓訳『サーバント・リーダーシップ』英治出版，2008（原著　1977）
6）野中郁次郎，紺野登『知識経営のすすめ―ナレッジマネジメントとその時代―』ちくま新書，1999
7）たとえば，秋田喜代美，淀川裕美，佐川早季子，鈴木正敏「保育におけるリーダーシップ研究の展望」『東京大学大学院教育学研究科紀要』56，2016，pp.283-306

幼児期におけるふざけ行動の意義

|文| 掘越　紀香

はじめに

　2017（平成29）年3月に幼稚園教育要領，保育所保育指針，幼保連携型認定こども園教育・保育要領等が改訂（定）された。幼小中高を貫く「育成を目指す資質・能力」の3本の柱として，「知識及び技能」「思考力，判断力，表現力等」「学びに向かう力，人間性等」が提示された。幼児教育では「幼児教育において育みたい資質・能力」として，「知識及び技能の基礎」「思考力，判断力，表現力等の基礎」「学びに向かう力，人間性等」が位置づけられた。このうち，自己調整や粘り強さ，集中・没頭，主体性，好奇心，協同性，道徳性といった心情，意欲，態度に関わる「学びに向かう力」は，いわゆる非認知的能力，社会情動的スキルと呼ばれている。幼児教育では，遊びを通して学びの芽生えを育むとともに，社会情動的スキルを育むことが期待されている[1)2)3)]。

　一方，幼稚園や保育所等で遊びを観察すると，子どもが意図的におかしな行動，つまりふざけ行動をして笑いを取る場面に遭遇することがある。このようなふざけ行動は，幼児教育において遊びとは受け止められず，これまで明確には定義されてこなかった（平井・山田，1989；友定，1993）[4)5)]。しかし，ふざけ行動は，遊びのなかで楽しさやおかしさを伴って自発的に展開されるものであり，仲間への親和的欲求（McGhee, 1979／1999）[6)]，仲間と楽しく遊びたい気持ちの表れと考えられている。

　仲間と楽しく遊ぶためにふざけて，さまざまな状況に対処することは，社会情動的スキルとも関連し，さらには学びの芽生えを支えることにもつながると推測される。そのため，望ましくないとされるふざけ行動が，幼児教育の場でどのように生起して

いるかをていねいに検討し，その意義を捉えて積極的に位置づける必要があると考えた。

　本論文では，ふざけ行動とその意義を明確化するとともに，幼児教育において周縁的であるふざけ行動を積極的に位置づけることが目的である。なお，本論文では，ふざけ行動を「行為者が相手から笑いを取るきっかけとなる，関係や文脈から外れた不調和incongruityでおかしな行為であり，ときにほかの相手へ伝染する行為」と定義する。

1. ふざけ行動の事例から

　ふざけ行動とは，具体的にどのようなものなのか。ふざけ行動の種類や機能など，ふざけの流れと定義を示したものが，表1である（掘越，2017）[7]。以下に事例をあげながら，その一部を説明したい。

事例1

3歳児保育室・かるた取り　　　　　　　　　　　　　　　　　　3歳児　1月

　タカ，トシ，ミユ，ホナ，チエは，3歳児保育室のテーブルに座ってかるた取りをしている。トシが読み札をめちゃくちゃではあるが読んでいる。ミユがトシに読み札を読みたいと少し強引に伝えるが，トシはまだあまり読んでいないので続けて読もうとする。ミユがかんしゃくを起こす。

タカ　：「ねー，うちんちね，ドンキー・コング買ってね」
トシ　：タカに「うちんち，ドンキー・コング……」
ミユ　：トシに「私，読みたいんだよー！」と体を乗り出して，ミユの前にいるトシのほうに手を伸ばし，読み札を取ろうとする。
トシ　：かるたを握りながら「はい，「し」」と一番上の読み札をミユに見せる。
タカ　：「はい，取った」と先ほど自分が取った「し」の絵札をミユに見せる。
ミユ　：「読みたい！」とトシのほうに手を伸ばし，読み札を取ろうとする。
トシ　：ミユと視線を合わせず，取られないように読み札を自分のほうに引き寄せる。
ホナ　：「もう取っているよ」
トシ　：「し，し，もう取った」と「し」の読み札をテーブルに置いてミユを見る。
チエ　：ミユに「もう取っちゃったって」
ミユ　：「あー，もう，読みたいって言っただけでしょ！　意地悪！」と大声で怒り出

	し，地団太を踏む。
トシ	：「トシくん，まだ全然……」と読み札を両手で握りながらミユを見る。
タカ	：立ち上がって「え，おさー，ちょっとタイムタイム。喧嘩するのはなし」と言って，「おさーるさーんだよー♪」と両手を頭の上とあごの下にもってきたサルのポーズを取り，にこにこしておどけて歌う①【タブー／緊張緩和】。
ミユ	：タカを見て大笑いする。
トシ	：にこにこして読み札を触る。
チエ	：うれしそうに「そっくり！」
ホナ	：にこにこして「ききゅうはきどぅうだ。ありがとうございましたー」とおどけた調子で言う②【大げさ・滑稽／関係強化pos.】。
トシ	：うれしそうにサルのポーズで③【真似，タブー／関係強化pos.】，「ききゅうはうんちー！　ききゅうはうんちー！」④【言葉遊び，タブー／関係強化pos.】とおどけてうれしそうに歌う。
タカ	：「あ，いいこと考えた！こいわうんこ，こいわうんこ，あ汚かったねー♪　だってよ」とにこにこして歌う⑤【タブー／関係強化pos.】。
トシ	：タカの歌を聴いて笑う。

　その後，保育室の絵を見ながら，描いた人の名前や何の絵を描いているかを話している。

　事例1は，3歳児クラス1月の事例である。トシとミユがかるたの読み札をめぐって，いざこざになっている。そこで，タカが「ちょっとタイムタイム。喧嘩するのはなし」と言ってから，「おさーるさーんだよー♪」とサルのポーズをとり，おどけて歌うと，当事者のミユやトシ，周囲の子どもも皆笑っている。タカのふざけをうけて，ホナがおどけて「ききゅうはきどぅうだ」と応え，トシがタカのポーズとホナの言葉を取り入れて「ききゅうはうんちー！」と歌っている。タカもトシの歌を受けて「こいわうんこ，あ汚かったねー♪　だってよ」とにこにこして歌っていた。

　この一連のふざけは，**タカのサルのポーズのふざけ①**をきっかけに，次々とふざけ②，③，④，⑤が生起している。①のふざけを取りあげて，ふざけの流れを例示すると，「ふざけ前」は，いざこざの関係neg.状態で，「ちょっとタイムタイム」の注目やおどけた表情，歌，笑いの「プレイサイン」を伴い，ふざけの「種類」と「機能」はサルの真似のタブーと，緊迫した状況を和らげる緊張緩和である。「相手反応」は，笑いやふざけのポジティブ反応，「行為者反応」もタカが再びふざけているのでポジティブ反応，「ふざけ後」は，一緒に過ごす関係pos.状態であり，タカのふざけは「初発」で，その後もふざけが「展開」したという流れになっている。

表1　ふざけの流れの分類と定義

流れの分類	定　　　義
1）ふざけ前	ふざけになる前の行為者と相手との関係やその周囲の状況。
関係pos.状態	一緒に遊ぶ，ふざけをする
関係neg.状態	いざこざ，仲間外れ，拒否する，泣いている，怒っている
あき状態	遊びに飽きている，話や行事の前，並んでいる，待っている
関わりなし状態	そばにいるが関わりがない，離れている
2）プレイサイン	ふざけの前やその最中にみられる，ふざけや遊びの意図を伝えるためのサイン。それぞれ同定する。
表情	おどけた表情，うれしそうな表情，顔をゆがめた変な表情，タコの口
声	変な声，抑揚のある声，興奮で上ずった声，高い声，大きい声
笑い	声をあげて笑う，にこにこ笑う，微笑む
注目	「ねぇ」「見てて」と言う，注意を引くためトントンと叩く，顔を近づける
3）種類	ふざけの動作や言葉の特徴から分類したもの。
大げさ・滑稽	滑稽な話し方・表情（イントネーション，赤ちゃん語，顔ゆがめ），大げさな動作（大声を出す，大げさな身振り），滑稽な動作（自分を叩く，転ぶ，まわる，隠れる，追う，逃げる，抱きつく，くすぐる，予想外の動作）
真似	相手の真似（大げさな真似を含む），テレビの真似，その他の真似
言葉遊び	言葉遊び，替え歌
からかい	意地悪を言う，反対を言う，相手を叱る，注意する，馬鹿にする，叩く，蹴る，押す，揺らす，はがいじめにする，相手のものを壊す
タブー	身体に関するタブー（おっぱい，ちんちん，おしり，パンツ），排泄に関するタブー（おしっこ，おなら，うんち），性に関するタブー（エッチ，キス，結婚，オカマ），ネガティブなタブー（死，ババア，ジジィ，バカ，あかんべー），サル・ブタ・酒（おさるさん，ウッキー，ブー，酔払い）
4）機能	ふざけが生起した場面で果たしている働きに着目して分類したもの。
関係強化pos.	相手に遊びの意図が伝わりやすく，受容されやすいふざけをして，共に楽しもうとする働き
関係強化neg.	相手に遊びの意図が伝わらなければ関係の壊れる可能性がある，受容されにくいふざけをして，共に楽しめるか試したり，共に楽しむことを期待したりする働き
緊張緩和	緊張状態で当時者／第三者がふざけて，その場の雰囲気を緩和し，緊張状態を中断したり，和らげたりする働き
仲間入り	行為者が遊びに入りたい場合も相手に関心がある場合，ふざけて仲間入りのきっかけを作ったり，仲間入りをスムースにしたりする働き
自己主張	周囲からの注目の有無にかかわらず，行為者の楽しさ・興奮をふざけることで発散・表出する働き
5）相手反応	行為者のふざけに対する，相手の反応。
ポジティブpos.	ふざけの真似，笑う，他のポジティブな言動（他のふざけ，関連する話）
ニュートラルneu.	見つめる，他のことをやる，無反応
ネガティブneg.	嫌な顔をする，他のネガティブな言動（怒る，止める，先生に言う，泣くetc.）
6）行為者反応	相手の反応に対する，行為者の反応。
ポジティブpos.	相手の真似，ふざけの繰返し，笑う，他のポジティブな言動（他のふざけ，関連する話）
ニュートラルneu.	見つめる，他のことをやる，無反応，ごまかし笑い，謝る，立ち去る
ネガティブneg.	嫌な顔をする，怒って離れる，他のネガティブな言動（怒る，言い返すetc.）
7）ふざけ後	ふざけ終了後の行為者と相手との関係や状況。
関係pos.状態	一緒に遊ぶ，一緒に過ごす
関係neg.状態	いざこざ，仲間外れ
関わりなし状態	そばにいるが関わりがない，離れている
8）初発・後続	生起したふざけのエピソードでの出現順。
初発	エピソード最初に生起したふざけ，エピソード内で初出の種類のふざけ
後続	後に続くふざけ（種類が変わるまで）
9）展開	生起したふざけがその後へ展開する状況。
展開あり	後にふざけがスムースに生起する
不完全に展開	後にふざけは生起するが，未熟なやりとりで展開する（例：相手が怒っていてもふざける）
展開なし	後にふざけが生起しない

3歳児の終わりは「タブー」のふざけが多く見られたころであり，事例1では，サルやうんちなど，その言葉のみで笑いを引き出しやすい「タブー」（サルは，排泄や身体や性のタブーとは異なるが，対象園でタブーと同様の効果があったため，タブーに分類した）や，タブーを組み込んだ「言葉遊び」，大げさにおどけて歌う「大げさ・滑稽」が用いられている。

　また，いざこざで緊迫した状況を何とかしようとして，タカは「喧嘩するのはなし」と伝えてから「緊張緩和」のふざけをして対処している。ほかの子どもも，そのふざけを受け止めて笑ったり，ふざけを続けたりして「関係強化pos.」をしている。タカのふざけによっていざこざが中断し緊張がやわらいだ後も，ほかの子どもが関係や状況を修復しようと積極的に笑ったりふざけを展開したりしたのである。

2. ふざけ行動に関連する先行研究

　本節では，ふざけ行動に関連する研究として，ユーモア・笑いや，からかいと攻撃との識別の研究などを取りあげて概観する。これらは，認知的側面と社会情動的側面，否定的側面と肯定的側面などが二面的・両極的に取りあげられる点に特徴がある。

[1] ふざけに関連する中心的概念　—ユーモアと笑い，ふざけとタブー—

①ユーモアと笑い

　ユーモアや笑いの定義として，国内外の知見を整理した井上（1994）[8]，志水（2000）[9]，上野（1992，2003）[10] [11]，雨宮（2016）[12]によれば，主要なものとして，対人的な優越を感じる「優越の理論」，ユーモア刺激への予測との不一致による「ズレ・不調和incongruityの理論」，余剰エネルギーに関する「心的エネルギーの節約・放出の理論」があげられる。認知的側面の「ズレ・不調和の理論」は，現在の笑いやユーモア研究において，ほかの理論との組合せもあるがよく用いられる知見であり，本論文のふざけ行動においても不調和incongruityの視点を定義に取り入れて解釈していく。

　上野（1992，2003）[10] [11]は，ユーモアの表出と感知のうち，表出の動機づけに焦点を置いた分類として，攻撃的ユーモア，遊戯的ユーモア，支援的ユーモアの3つを提案している。攻撃的ユーモアは人を攻撃することを目的に，風刺や皮肉などのユーモア刺激を使って生み出されるユーモアであり，遊戯的ユーモアは人を楽しませたい，ふざけて笑って愉快に楽しみたいという目的で，ダジャレなどの言葉遊びや日常的なエピソードなどのユーモア刺激を使うユーモアである。支援的ユーモアは気持ちを支

えたいという目的で生み出されるユーモアであり，つらい状況を笑い飛ばしたりするユーモア刺激がよく使われると整理している。

　乳幼児から大人まで，ユーモア研究を幅広く扱ったのがMartin（2007／2011）[13]である。認知，発達，個人差，健康等の心理学的研究や，哲学的理論，生理学的研究などを網羅して，『ユーモア心理学ハンドブック　The Psychology of Humor：An Integrative Approach』にまとめている。ユーモアには，心理学のすべての分野が関わっていると強調しているが，笑いやユーモアに関する知的側面と身体的側面を統合する枠組みは提示されていない（雨宮，2016）[12]。

②幼児のユーモアと笑い

　幼児のユーモア研究を行った先駆者として，McGhee（1979／1999）[6]の存在が大きい。彼によれば，ユーモアは「不適切な，文脈から外れた事象を含む不調和な関係の知覚が，全てのユーモア経験の基礎となる」とし，不調和incongruityを強調している。McGhee（1979／1999）[6]では，ユーモアを認知的な視点から4段階に定義している。第1段階が「不調和な行為」（1，2歳），第2段階が「不調和な言葉」（2歳ころから），第3段階が「概念的な不調和」（4歳ころから），第4段階は「言葉遊び，多義性」（7歳ころから）である。

　一方，Reddy（2008／2015）[14]は，乳児の親子のやりとりの事例を取りあげて，おかしみfunninessが基本的に関係的で社会的なものであると述べている。認知的言語的側面から発達をとらえるMcGheeの立場を批判し，乳児のおかしみのある関わりがMcGheeの見解よりも早い段階から生起していることを言及している。

　わが国での乳幼児の笑い研究としては，保育所での縦断的な観察から導き出した友定（1993）[5]がある。乳幼児の笑いを，①身体と笑い，②知的認識と笑い，③人間関係と笑いの3視点から分類し，おかしさの発達を，①表情のおかしさに気づく（0，1歳児），②おかしさの発見（2，3歳児），③おかしさの共有（4歳児），④おかしさからユーモアへ（5歳児）と提示している。平井・山田（1989）[4]も幼児の笑いとユーモアを取りあげ，ふざけ・おどけも含めたユーモアが親しくなりたい気持ちの表れと述べている。一方，幼児のユーモア発言を検討した田爪（1996）[15]は，幼児が相手を楽しませるよりも自らユーモア発言を楽しんでいると指摘している。

　幼児期の笑いやユーモアの分類として，奥田（1988）[16]は，言葉によるユーモア（言葉の不一致やナンセンスによるもの，言葉のリズムや音によるもの，排泄や性に関する言葉，言葉によるからかいの4つ）と，行動によるユーモア（おどけた格好をすること，いたずら，不一致を引き起こすこと，排泄や性に関する行動，行動によるからかいの5つ）に分けている。田爪（1996）[15]は，年長児のユーモア発言から，言葉の不一致やナンセンスによるもの，おかしく言葉を発すること，排泄や性に関する言葉，相手の行動や身体的特徴，テレビや成人の言い方の真似，言葉のもじり，相手の言葉の真似，相

手の疑問や言い分に対する答えの8項目に分類している。観察から導き出されたこれらの分類は納得できるが，内容の重なりや，行動と言語に分類しがたいものもあり，引き続きの検討が必要だろう。

その他，仲間関係に着目して笑いを検討した研究として，岡林（1995）[17]があげられる。5歳男児2人の笑いの事例を取りあげ，「ボケーツッコミ的対話」を検討し，その成立が対等でない不安定な関係にあったが，葛藤関係が崩れると消滅したという。岡林（1997）[18]においても，笑いの出現が仲間関係のあり方や遊びの特質に関連することが示された。また，笑いの二面性として，親和性だけでなく攻撃性について取りあげたものが，一連の伊藤の研究（伊藤・本多・佐竹，2007；伊藤・内藤・本多，2009；伊藤，2012；伊藤，2017）[19] [20] [21] [22]である。幼児の笑いの多くは親和的であるが，攻撃性も見られるとし，攻撃性のある笑いを適切にとらえ対応する必要性を指摘している。

ユーモアの定義については，上野（2003）[11]が広い定義でとらえており，上品でないもの，望ましくないものも含めている。一方，幼児の笑い・ユーモアを扱った友定（1993）[5]は，攻撃性やタブーなど望ましくないものの存在は認めるが，ユーモアにはつながらないとしている。本論文のふざけ行動は，ユーモア研究と重なる部分も多いが，望ましくない側面も含めて検討するため，上野（2003）のユーモアの分類に近い視点からとらえていく。ふざけ行動として，遊戯性に攻撃性も含まれるようなあいまいな場合は取りあげていく。

③ふざけとタブー

ふざけは，役に立ちそうにない行動，望ましくない行動と大人に見なされてきた（平井・山田，1989；中野，1996，2014）[4] [23] [24]。子どものふざけ行動を検討した研究は少なく，ユーモアや笑いの研究（McGhee，1979／1999；平井・山田，1989；友定，1993）[6] [4] [5]のほかは，遊び研究（Garvey，1977／1980）[25]や子どもの仲間文化研究（Corsaro，1985）[26]のなかで周縁的に扱われてきた。

たとえば，平井・山田（1989）[4]は，ふざけやおどけにさまざまな種類があることを示し，友定（1993）[5]は，おかしさやふざけのなかにオシリなどの身体のタブーが含まれることを示している。大人の視点ではなく，遊んでいる子ども自身の視点を尊重し，仲間関係も含めてとらえ直すことで，笑いを共有し仲間と一緒に楽しむ以外の意味も見いだせると考えられる。また，ふざけには言語的なものと行動的なものがあると考えられるが，幼児においては両者が組合わさって生起することも多いため，本論文ではあえて分けずに「ふざけ行動」または「ふざけ」と表記する。

ふざけのなかでとりわけ大人が望ましくないとするものとして，排泄物に関する言葉scatology（ウンチ，オシッコ）や身体に関する言葉（オッパイ，チンチン）などのタブーがあげられる。タブーの生起について，ていねいに検討した研究は少なく，一般に4歳，4歳児に多く見られると言われる（平井・山田，1989；友定，1993）[4] [5]。幼

児期の下ネタやギャグを指す「下品な笑い」の発達について保護者への質問紙調査から検討した富田・藤野（2016）[27]では，下ネタは4歳児に，ギャグは4，5歳児に多かったという。田爪（1996）[15]は，年長児の自由遊び場面のユーモア発言を取りあげ，もっとも多かったのは「排泄や性に関する言葉」であり，とくに男児の発言が多かったと述べている。

先行研究では，4，5歳児に多く見られる理由として，4歳前後の親と子どもの関心が排尿や排便にあるため，子どもは排泄にまつわる緊張を対処する手段としてタブーを使用すること，子どもが自分で用をたせるようになっても親が排泄のタブーを気にするためタブーをおもしろがることがあげられている（McGhee, 1979／1999）[6]。また，3，4歳では排泄タブーを直接言って非常によろこぶのに対し，6歳ではタブーが社会的に不適切で隠す必要を感じられるようになり，タブー自体も単純で興味をかき立てないため，あまりよろこばないという（McGhee, 1979／1999）[6]。相手が大人であれば，多くの場合は困惑や制止や失笑などの否定的反応だが（平井・山田，1989）[4]，何らかの反応が得られることを楽しんでいると考えられる。さらに，Corsaro（1985）[26]では，タブーがおどしや侮辱など攻撃的に使用される一方で，いざこざがエスカレートすることを回避する手段として使用されることが報告されている。

［2］攻撃性との関連　―からかいとじゃれ合い遊び―

ユーモア研究と関連して，攻撃的側面をもちつつ，攻撃行動とは異なるというあいまい性や二面性に着目した研究も多く見られる。これらは，真の攻撃やいじめなどとの識別について検討している。ここでは，攻撃行動と，攻撃性との関連から，からかい，じゃれ合い遊びを取りあげる。

①攻撃性と攻撃行動

前述の伊藤・内藤・本多（2009）[20]で取りあげた攻撃的笑いは，攻撃行動に伴ったものであり，幼児の笑いに攻撃の意図を伴ったものが少数見られるという。上野（2003）[11]の攻撃的ユーモアは，攻撃性と関連し，他者を攻撃して優越感を得ることを目的としたユーモアであるが，真の攻撃やいじめとは異なると考える。

幼児期の攻撃行動に関する研究として，畠山・山崎（2002, 2003）[28][29]は，①直接的－道具的攻撃（ほしいものを手に入れるため，自己主張をする身体的・言語的攻撃），②直接的－脅し攻撃（仲間を支配したり威圧したりする身体的・言語的攻撃），③関係性攻撃（相手との関係を絶つため，無視などで相手を傷つける）の3つに分類しており，直接的攻撃が男児に多く，関係性攻撃が女児に多く観察されたとしている。

直接的な外顕的攻撃に比べ，関係性攻撃は目につきにくいが，子どもの発するサインに保育者が敏感であることの必要性を指摘している。これらの攻撃行動は，直接的間接的にかかわらず，相手を威圧し，相手との関係を絶って傷つけることを目的とし

て行われる。それに対し，攻撃的ユーモアやからかい，じゃれあい遊びは，確かに攻撃的であるが，遊戯性を伴って相手との関係を維持しており，攻撃行動とは区別して考える必要があるだろう。

② からかい

　幼児の遊戯的からかいplayful teasingを検討した中野（1994）[30]は，「相手を驚かしたり，怖がらせたり，だましたり，じらしたり，冷やかしたりして軽く戸惑わせたり困らせたりするが，同時にそれが遊戯的意図に根ざした「ふり」にすぎないことを，この行為に随伴する何らかの情報によって相手に伝えることで，その場の面白さを共有しようとする行為」と定義している。中野（1994）[30]は，3歳以前の幼児と母親とのやりとりを観察し，母子の遊戯的からかいは，母親が子どもに楽しみを与えるだけでなく，楽しさを共有するための冗談行動であり，一体感を与えていると述べている。

　幼児のからかいを検討した牧（2009）[31]は，「遊戯的サインを伴った挑発的行為」と定義し，言語的からかいと非言語的からかいに分類している。4歳児における非言語的からかいは約7割を占め，受容，拒否はともに約3割見られた一方，約2割は受容とも拒否ともいえないあいまいな反応，残りの約2割は無視だったという。遊ぶ意志の確認や参加意志の表明としても使用され，遊びの開始や再開のきっかけとなっていた。

　さらに，牧・湯澤（2011）[32]では，からかいの機能を明らかにするため，5歳児10月から12月の自由遊び場面を観察し，遊びの枠組みの有無，からかいの能動性の視点から分析している。その結果，主導的誘発的ちょっかい，主導的遊び場づくり，主導的仲間入り，主導的おかしさ生成，応答的遊びの承認，応答的ツッコミ，遊びの展開という7つの文脈と機能が提案され，からかいが遊び仲間を形成したり，遊びを盛りあげたりする上で重要な役割を果たしたとしている。しかし，これらは，4歳児または5歳児の一時期の観察であり，発達的視点までは取り扱われていない。

③ メタ・コミュニケーション

　からかいなどの誤解を生み出す可能性のあるふざけの場合，相手の心の読み取りが必要になる。子どもたちは，日常のさまざまな体験を通して，ほかの仲間や保育者が何を考えたり思ったりしているかを推測し，他者理解や思いやりなど，より望ましい行動を身につけていくが，そこには「心の理論」の発達（子安，2000）[33]が関連すると考えられる。しかし，誤信念課題を通過する4歳以降はじめて相手の心を理解できるというものではなく，それ以前も親子のやりとりなどの日常場面では，相手の気持ちや意図を読み取りながら行動していると考えられる。1歳半ごろから見られる，ふり遊びやからかいも心の理論との関連から取りあげられている（Reddy, 2008／2015；木下, 1995）[14][34]。

また，ふざけたりからかったりする側が「本気でない」ことを伝えることは重要である。Bateson（1972／2000）[35]は『精神の生態学』のなかで，「メタ・コミュニケーション」について取りあげている。遊びの意図から発した「これは遊びだThis is play」というメタ・メッセージを，プレイサインを伴って伝える行為を通して，遊ぶ両者が「遊びの枠組みplay flame」を共有すると述べている。

　これに対し，西村（1989）[36]や矢野（2006）[37]は，遊びのメタ・コミュニケーションについて評価しつつも，批判的に考察している。たとえば，矢野（2006）[37]は，遊びのメッセージと「これは遊びだ」のメタ・メッセージがパラドックスを生じさせていることを指摘し，遊んでいる人は仮称と現実という対立した二重の意識をもつことはなく，「これは遊びだ」というメタ・メッセージに囚われず，遊びを本当のことと誤解することもなく，「日常より高次の意味の場所に生きている」（p.24）としている。

　本論文では「本気でない」という「遊びの枠組み」が共有されない場合，つまり，おかしなことをしても相手に伝わらなかった場合も，ふざけがうまくいかなかった場合として取りあげる。

④じゃれ合い遊び

　長年じゃれ合い遊びrough and tumble play（R&T）を検討してきたPellegrini（2013）[38]は，じゃれ合い遊びを「身体を動かす遊び」ではなく，現在「社会的遊び」として分類している。もの遊びや身体を動かす遊び，社会的遊びなどの多面的な特徴をもつが，主には社会的遊びであることを強調している。幼児のじゃれ合い遊びは，仲よしの関係で行われる（Smith & Lewis, 1985）[39]。

　Blurton（1972／1987）[40]は，子どものじゃれ合い遊びを，「遊び顔play face」や身体的に活発な行動，誇張された動き，開いた手での叩きや蹴りといった，攻撃とは明らかに異なるパターンによって定義した。じゃれ合い遊びは，優位な役割と劣位の役割を交替するような互恵的役割を取ったり，自分に不利な行動をしたりすることによって特徴づけられる。つまり，最初と最後で交替したり，攻撃者と被攻撃者が交替したりする。しかし，遊びと攻撃を識別するスキルが不足している子どもは，普段から遊びを攻撃と見なしていたという（Boulton, 1993）[41]。

　じゃれ合い遊びは，遊びに典型的な逆U字型の発達曲線を描き（Pellegrini & Smith, 1998）[42]，幼児期の全行動の4％を占め，学童期に10％程度でピークを迎え，青年期初期には再び減少し4％程度になるという。また，強い性差が見られ，イギリスとアメリカの学校校庭で，8歳児を1年間観察した結果，男児は女児の3倍じゃれ合い遊びに関わったことがわかった（Blatchford, Baines, & Pellegrini, 2003）[43]。男児の遊びが，女児より身体的かつ活動的で，遊びのテーマがより闘争的なのに対し，女児の遊びはより活動的でなく，家庭的ごっこ遊びに関わることが多い（Garvey, 1977／1980）[25]ことも影響したのだろう（Pellegrini, 2013；Lillard, 2015）[38] [44]。

関連して，Crick & Dodge（1994）[45]は，「社会的情報処理モデル」（改訂版）を提唱している。後ろから仲間に声をかけられたり肩を叩かれたりした場合，まず手がかりを①符号化し，②解釈する。③目標を明確化し，④記憶されている反応にアクセスするか，新たな反応を生成し，⑤ある反応を選び，⑥実行するという6ステップが循環しているという。各ステップや要因には個人差があり，仲間とうまく関われない子どもがどのステップでつまずいているのか把握することが必要である。とくに，からかいやじゃれ合い遊びのようなふざけの場合，社会的情動処理モデルのステップのどこかで誤解が生じる可能性があるため，適切に符号化して解釈し対応するには，高度なスキルが必要と考えられるのである。

［3］幼児期の仲間関係 ─いざこざ─

園生活では，幼児がほぼ同年齢の相手とさまざまな相互作用を行う。本郷（1994）[46]は，仲間関係を「同年齢の他人との間の関係」，友人関係を「より親密な関係が形成された二者あるいは三者以上の関係」と定義している。子どもたちにとって仲間は重要な存在であり，仲間との相互作用や関係性，友達関係，人気などが検討されているが（Rubin, Bowker, McDonald, & Menzer, 2013）[47]，ここでは，ふざけの生起とつながることがある，いざこざを取りあげる。

いざこざと仲直り

仲間と一緒に活動をするとき，意思の疎通などがうまくいかずにいざこざがよく生じる。いざこざは，発達的に意味のあるものとして多く取りあげられる（斉藤・木下・朝生，1986；倉持，1992；高坂，1996；高濱・無藤，1999）[48][49][50][51]。倉持（1992）[49]は，ものをめぐるいざこざ事例から，先に使っていたことを自己主張したり，すでにものをもっている相手に許可を求めたりする方略を，相手との関係性に合わせて用いていることを示した。また，幼児期前期はものの所有や使用をめぐるいざこざが多く，不快な働きかけによるいざこざも多いが，幼児期後期はものの所有や使用，遊びのイメージの不一致，生活上のルール違反がいざこざの原因になっていた（斉藤・木下・朝生，1986）[48]。

幼児のいざこざ後の調整や仲直りについて検討した広瀬（2006）[52]は，自然観察のなかで譲歩や謝罪，接近・合流，抗議，介入要請などの方略を抽出し，その機能について取りあげている。そのなかに，おどけ，注意の変換，距離取りの方略があり，「緊張状態を解消し，遊びへと移行させる」機能を見いだしている。これは，本論文のふざけ行動の機能の一つとしても積極的に位置づけられるだろう。

自分と相手とのぶつかり合いを繰り返し経験するなかで，主張を通す方略を学んだり，ルールの大切さを理解したり，相手の気持ちに共感したり，自分の気持ちを抑制して非があれば謝罪したり，話し合いながら意見を調整したりして，集団生活に必要

な社会的スキルを身につけていく。また，不快な感情を体験しても後に引きずらないで，ふざけたり仲間に励まされたりして，うまく気持ちを立て直すような自己調整スキルやレジリエンス（弾力性）も大切である。

　幼児期の仲間関係に関する研究では，いざこざなどの多少困難を伴う場面を取りあげ，そこでの問題解決方略に社会的スキルの発達や関係性の深まりなどが示されることが多い。本論文で取りあげるふざけ行動は，遊戯的でポジティブな場面でも見られるため，そのなかで仲間関係との関連を見いだすことには意味があると考える。

[4] 社会情動的スキル（非認知的能力）

　次に，近年幼児教育の重要性を裏づけた非認知的能力，社会情動的スキルについて整理する。ノーベル経済学賞を受賞したHeckmanは，アメリカのペリー就学前プロジェクトなどの調査結果から，幼児期に投資することがその後投資するよりも費用対効果が高いという結論を導き出した（Heckman, 2013／2015）[53]。幼児期に質の高い教育を受けたことによって長期的にプラスの影響がみられた一方，認知的能力の差は早期になくなったため，非認知的能力への注目が高まった。

　OECD（2015）[54]や池迫・宮本（2015）[55]では，非認知的能力を「社会情動的スキルsocial and emotional skills」と呼び，「一貫した思考・感情・行動パターンに現れ，フォーマル，インフォーマルな学習経験によって発達し，一生を通じて社会経済的成果に重要な影響を及ぼす個人の能力」と定義している。また，Big Fiveと呼ばれる分類（開放性，勤勉性，外向性，協調性，否定的感情 対 情緒的安定）を示した上で，「目標の達成」「他者との協力」「情動のマネジメント」の3点からとらえ，「目標の達成に向かう力」は忍耐力，自己抑制，目標への情熱，「他者と協力する力」は社交性，敬意，思いやり，「情動をマネジメントする力」は自尊心，楽観性，自信から成り立っている。社会情動的スキルは，幼児期から青年期に育まれやすく，幼児期から育むことが将来のスキル発達の基礎になると述べられている。

①学びに向かう力

　ベネッセ教育総合研究所は，幼児から小学校1年生までの子どもをもつ家庭を対象に「幼児期から小学校1年生の家庭教育調査」を縦断的に実施し，学びの土台となる3つの軸「学びに向かう力」「生活習慣」「文字・数・思考」を提案した（ベネッセ教育総合研究所，2016）[56]。

　そのなかの「学びに向かう力」は，「自分の気持ちを言う，相手の話が終わるまで静かに聞く，物事をあきらめずに挑戦するなどの自己主張，自己抑制，がんばる力（挑戦，集中力，持続力，粘り強さ），協調性，好奇心に関係する力」であり，小学校以降の学習の基盤とされている。

　2017（平成29）年の幼稚園教育要領や学習指導要領等の改訂では，「育成を目指す

資質・能力」の3本の柱として，「知識及び技能」「思考力，判断力，表現力等」「学びに向かう力，人間性等」を提示しており，心情，意欲，態度などに関わる「学びに向かう力」が位置づけられた。さらに，「幼児期の終わりまでに育ってほしい姿」は，幼児期にふさわしい遊びや生活を積み重ねることにより，幼児教育において育みたい資質・能力が育まれている幼児の具体的な姿であり，とくに「自立心」「協同性」「道徳性・規範意識の芽生え」などは「学びに向かう力」，社会情動的スキル（OECD, 2015；池迫・宮本，2015；無藤・古賀，2016；内田，2017）[54)][55)][57)][58)]に関わっている。

　幼児期からの「学びに向かう力」の育成は，その後の学びに影響を与える点から重視されている。内田（2017）[58)]は，わが国で今後目指す必要のある社会情動的側面として，①興味や関心を持つだけでなく，広げ深めること，②困難にあっても目標に向かいやり遂げようとする気持ちを育てること，③自分の思いを言葉によって伝えること，④自分についての肯定的なイメージ（自信，楽観性）を育てること，を加えるよう提案している。

②集中・没頭

　関連して，幼児期や幼小接続期では，集中・没頭することの重要性が指摘されている（「保育プロセスの質」研究プロジェクト，2010；無藤，2013）[59)][60)]。

　小田・秋田らによる「保育プロセスの質」研究プロジェクト（2010）では，Leaversの「保育の質の自己評価ツールSICS（Self-Involvement Scale for Care Setting）」を紹介し，保育プロセスの質をとらえる際，「安心・安定well-being」「夢中・没頭involvement」に着目し，『子どもの経験から振り返る保育プロセス：明日のより良い保育のために』を提案している。秋田（2014）[61)]は，Leavers（1998）[62)]の「安心・安定」「夢中・没頭」を引用し，どれだけ安心・安定しているかという「居場所感」と，学びの対象に対してどれだけ深くより長く没頭して関わり考えることができているかという「集中」の2点が教育・保育の質を決めるとしている。

　また，Carr（2001／2013）[63)]によって紹介された「学びの物語Learning Story」では，子どもの姿を観察・記録する際，「関心を持つ」「熱中する」「困難ややったことがないことに立ち向かう」「他者とコミュニケーションをはかる」「自ら責任を担う」の5つの学びの構えを生かした視点を提案しており，その一つが「熱中する」姿をとらえることである。

　幼児教育から小学校教育へつながる「学びの芽生え」の視点として，無藤（2013）[60)]は，「集中性の芽生え」「課題性の芽生え」「目的志向性の芽生え」「言語性の芽生え」「自覚性の芽生え」の5つに整理し，「集中性の芽生え」では遊びに熱中することで集中が可能になること，遊びを工夫することで活動が持続すること，中断しても気持ちを切り替えて集中し持続的に取り組むことが述べられている。無藤・古賀（2016）[57)]でも，社会情動的スキルにあたる「学びに向かう力」として，「自己調整力」「集中

力」「挑戦力」「持続力」「好奇心」「工夫力」をあげており，子どもの姿をとらえる視点として，集中・没頭が着目されているといえるだろう。

集中・没頭と関連する概念として，Csikszentmihalyi（1990／1996）[64]は，自己目的的活動に没頭するときに感じる，深い楽しさやよろこびを伴う最適経験である「フロー体験flow」を提唱している。幼児を対象としたものではないが，①達成できる見通しのある挑戦的な活動に取り組み，②活動に注意を集中し，③明確な目標と，④直接的なフィードバックがあり，⑤深いが無理のない没入状態であり，⑥状況をコントロールしている感覚を伴い，⑦自己の意識が消失し，⑧時間の経過の感覚が変わることをあげている。幼児の遊びと集中・没頭について，矢野（2006）[37]は，遊びの体験の特質が「遊戯世界」への全身的な没入にあること，この没入が自己と世界との境界線が溶解する「溶解体験」であると述べている。

以上から，生涯にわたる学びの基礎を育む幼児教育において，自己主張や自己調整，粘り強さ，集中・没頭，主体性，協同性，道徳性等の社会情動的スキル，学びに向かう力と呼ばれるスキルを育むことが期待されている。本論文で取りあげるふざけ行動は，遊びのなかでおかしさを伴って自発的に展開し，仲間と楽しく遊ぶためにふざけたり，ふざけてさまざまな状況に対処したりすることが事例としては報告されており（Corsaro, 1985；奥田, 1988；友定, 1993）[26)16)5)]，社会情動的スキルとの関連が推測される。そこで，望ましくないとされるふざけ行動が，園生活でどのように生起しているかをていねいに検討し，その意義をとらえて幼児教育に位置づける必要があると考えた。

3. ふざけ研究の概要 ―方法と結果―

本節では，ふざけ行動を検討した堀越（2017）[7]から，研究の概要を提示したい。

[1]方法

自然観察　2つの幼稚園において，長期的な自然観察を実施した。

対象・観察時期：①私立A幼稚園のコホート1（3歳児13名，4歳児21名，5歳児22名）について3年間の縦断的な自然観察を行い，3歳児10月，2月，4歳児5月，10月，2月，5歳児5月，10月，2月までの8時期を取りあげた。②同じく私立A幼稚園のコホート2（4歳児18名，5歳児19名）について4歳児から2年間の自然観察を行い，4歳児10月から5歳児3月まで分析した。③国公立B幼稚園のコホート3（5歳児59名）について5歳児1年間の自然観察を実施し，とくに5歳児11月から3月まで取

りあげた。

観察方法：原則として保育に参加しない観察者の立場をとり，午前中の自由遊び時間にビデオカメラを用いて観察した。①は各時期に対象児全員を一人10〜15分ずつ5回，②は2週に1回，対象児を含む幼児の遊びを10〜30分間，③は週1回対象児全員を一人10〜15分ずつ撮影した。学期終了時には，対象児の発達や仲間関係，保育について園長や担任保育者と話し合った。

分析方法：ふざけ行動は，文脈や関係性によって影響される微妙な行為であるため，ふざけ行動のみを取りあげるのではなく，前後の文脈を含め，流れのなかでとらえた。分析は，量的方法，質的方法を組合せて行った。観察によって得られた事例と，観察された内容や子どもの仲間関係の解釈などの妥当性を確認するために保育者へのインタビューを行ったほか，ふざけ行動の流れを数値化し統計的に分析しつつ，その裏づけとなる事例と往還して確認した。

ソシオメトリック・テスト コホート1には，ソシオメトリック・テスト（田中，1970）[65]を実施した。クラス全員の写真を見せながら「一緒に遊びたい子」をたずね，子どもがその名前と理由を答えるソシオメトリック指名法を，各時期に計8回実施した。結果として得られた相互選択や上位選択をもとに，男児集団のソシオグラムを作成し，コンデンセーション法（狩野，1995）[66]を参考に，上位相互選択で結ばれる集団のまとまり（コンポーネント）を作成した。そのまとまりをソシオグラムの図に重ね，時期ごとの男児の仲間関係とその変容を把握した。

倫理的配慮 ①は1994年から1997年，②は1997年から2000年の観察・調査であり，当時保育現場での研究すべてに倫理審査を求められていなかったため，観察・調査の方法や内容，結果の公表について，ていねいに説明を行うなどできる限りの倫理的配慮は行ったが，倫理審査は受けていない。③は2009年から2010年の観察・調査であり，同様な倫理的配慮を行い，保育・学校現場での観察・調査に関する所属大学の規定に沿って実施したが，倫理審査は受けていない。

[2] 結果概要

①幼児期のふざけ行動の発達的変化

まず，幼児期のふざけ行動にどのような種類があるのか，また，ふざけ行動には単に仲間と楽しむためだけではなく，仲間関係を操作する働きがあると仮説を立て，ふざけ行動が仲間関係の中でどのような機能を果たしているのかを検討した（掘越，2017）[7]。

その結果，前述した表1（p.100参照）の通り，大げさ・滑稽，真似，からかい，言葉遊び，タブーの5種類と，関係強化pos.，関係強化neg.，緊張緩和，仲間入り，自己主張の5機能が見いだされ，ふざけの流れのなかに位置づけられた。ふざけの種類と機能の発達的変化（表2，表3）として，3歳児では大げさや真似が多く，から

かいや言葉遊びは少なかった。言語的制約によって行動のふざけが多く，関係強化pos.のような相手に受容されやすいふざけが多く，関係強化neg.や緊張緩和のふざけは少なかった。

4歳児では，からかいや言葉遊びも増加した。言語・行動双方のふざけが見られ，時期によって，関係強化pos.のような受け止められやすいふざけをしたり，関係強化neg.のような相手に受容されにくいふざけ，緊張緩和のようなネガティブな場面に対処するふざけをしたりすることが増加した。5歳児では，からかいのような関係強化neg.のふざけが多く見られ，テンポのよいやりとりでツッコミをするなどのふざけが見られた。

表2　ふざけ行動の年齢ごとの生起数と割合（種類）

	大げさ・滑稽	真似	言葉遊び	からかい	タブー	全ふざけ
3歳児	137	82	23	69	47	358
	38.3%	22.9%	6.4%	19.3%	13.1%	
4歳児	189	90	62	195	74	610
	31.0%	14.8%	10.2%	32.0%	12.1%	
5歳児	198	86	60	208	70	622
	31.8%	13.8%	9.6%	33.4%	11.3%	
全体	524	258	145	472	191	1590
割合	33.0%	16.2%	9.1%	29.7%	12.0%	

表3　ふざけ行動の年齢ごとの生起数と割合（機能）

	関係強化pos	関係強化neg	緊張緩和	仲間入り	自己主張	全ふざけ
3歳児	231	94	12	4	17	358
	64.5%	26.3%	3.4%	1.1%	4.7%	
4歳児	319	218	48	14	11	610
	52.3%	35.7%	7.9%	2.3%	1.8%	
5歳児	288	248	44	18	24	622
	46.3%	39.9%	7.1%	2.9%	3.9%	
全体	838	560	104	36	52	1590
割合	52.7%	35.2%	6.5%	2.3%	3.3%	

性差について，男児は，からかいやタブー，緊張緩和や自己主張のふざけが多く見られたが，女児は，大げさや真似といった相手に受け入れられやすい関係強化pos.のふざけが多かった。

機能ごとのふざけの流れについては，生起数の少ない仲間入りや自己主張は揺れがあるものの，大まかな流れ（展開プロセス）は定まっていることが示された。生起数が多い関係強化pos.と関係強化neg.，緊張緩和のふざけの流れは，以下の通りである（図1）。

関係強化pos.では，ふざけ前が一緒に遊ぶなどのポジティブな状況で，表情や声や笑いのプレイサインを伴い，大げさ・滑稽を始め，真似，言葉遊び，タブーが多く，

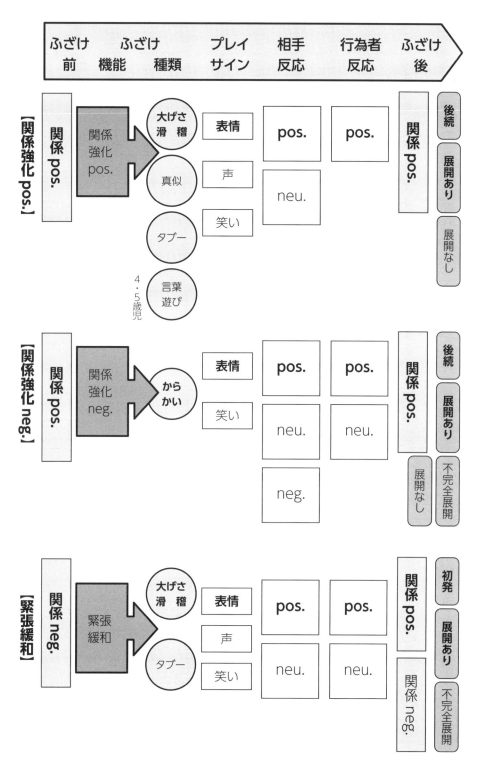

図1　関係強化pos., 関係強化neg., 緊張緩和のふざけの流れ
　　注：太字は，該当する分類において，生起する割合が最も高かった項目を示す。

相手反応も8割がポジティブで受け入れられていた。行為者反応も9割がポジティブで，ふざけの7割近くがうまく展開し，ふざけ後も一緒に遊ぶなどのポジティブな状況が9割であった。また，8割近くがふざけの後に続く後続のふざけだった。

関係強化neg.では，ふざけ前は一緒に遊ぶポジティブな状況だが，プレイサインは，ほかの機能と比べると多くないが，表情と笑いを伴い，からかいが多い。相手反応はポジティブが7割だが，ほかの機能に比べると多くはなく，ニュートラルやネガティブが見られた。行為者反応も8割がポジティブだが，うまく展開するのは6割近くで，3割近くが展開していない。ふざけ後はポジティブな状況が9割で，8割近くが後続のふざけであった。

緊張緩和では，ふざけ前はいざこざなどのネガティブな状況で，表情や声や笑いのプレイサインを伴い，大げさ・滑稽が多く，タブーも見られるが，相手反応はポジティブが7割程度で，ほかの機能に比べて多くはない。行為者反応は8割がポジティブで，ふざけも7割は展開したが，2割は不安定で，うまく展開しなかった。ふざけ後は8割程度がポジティブだったが，4歳児では2割近くがネガティブな状況になり，いざこざなどのネガティブな状況を解消する難しさがうかがわれる。また，緊張緩和は5割が初発であり，初発が2割程度の関係強化pos.や関係強化neg.より多い傾向であった。

②タブーのふざけ行動の意味

また，大人が望ましくないと見なしがちなタブーのふざけが子どもにとってどんな意味があるのかを，3年間の縦断観察をもとに検討した（掘越・無藤，2000；掘越，2017）[67)][7)]。3歳児後半（4歳）から4歳児にかけてタブーが多く，5歳児には減少していた。また，タブーはどの年齢でも女児より男児に多く見られた。タブーの種類や時期によって，タブー後に仲間関係が肯定的に変化する割合に差はなかったが，全タブーのふざけの約7割が仲間との安定した関係を強化し，不安定な関係を改善していた。事例では，仲間との不安定な状態を調整する機能があること，タブーを使って仲間関係を調整するスキルが3歳児より4歳児や5歳児で巧妙化することなどが示唆された。

③ふざけの多い幼児の仲間関係の変容とふざけ行動との関連

ふざけが多く観察された男児タクに注目して，幼児の仲間関係の変容とふざけ行動との関連について検討した（掘越，2003；2017）[68)][7)]。ソシオグラムの結果やふざけの事例から，タクは3歳児から4歳児ごろまでは，男児マサらの集団を居場所としていたことがうかがわれた。しかし，もともと運動や競争遊びを好むタクは，ごっこ遊びや製作を好むマサたちの集団が結びつきを強めると，徐々に離れていき，ふざけも減少した。

5歳児になると，運動や競争遊びを好む男児サトたちの集団へと居場所を移した。「からかい」のふざけの多いタクは，「からかい」のふざけも一緒に楽しめるサトたち

のいる集団に居場所を見つけ，ふざけのやりとりも多く見られるようになった。ふざけの生起が仲間関係の変容と連動していることとともに，ふざけの多いタクのふざけの特徴について考察した。

④ちょっと気になる子どもにとってのふざけ行動と園生活への対処

大人しいが年齢があがるにつれて，難しいことや新奇の場面などに抵抗を示すようになった「ちょっと気になる」男児リュウに注目し，リュウのふざけ事例（4歳児～5歳児）を取りあげた（掘越，2003；2017）[69) 7)]。リュウがどのようにふざけて状況に対処するか，リュウにとってふざけはどんな働きをするのかを検討した。

事例から，リュウにとって，ふざけのやりとりが特定の男児ヒロとのコミュニケーション手段として重要であり，関係構築や関係確認，関係強化の機能をもっていた。また，新奇の場面で生じた不安や緊張を緩和するなど，困難に対処する機能ももっていた。

リュウの敏感さによって生じる困難さに対し，保育者は難しさを感じながら個別に寄り添って対応していた。リュウにとっては，抵抗を感じる場面で，自らのふざけを通して緊張緩和し切り抜けた経験に重要な意味があったことを指摘した。

⑤幼小接続期における集中・没頭とふざけ行動　—継続する遊びから—

最後に，ふざけ行動を遊びとの関連からとらえるため，幼小接続期の5歳児後半に観察された，集中・没頭して継続した遊び，男児カンたちの段ボールの家づくり・家遊びの事例について検討した（掘越，2017）[7)]。

継続した遊びが展開するなかで示された，カンの仲間関係の変容と集中・没頭との関連，葛藤や揺れ，ふざけをとらえて質的に検討した。集中・没頭した要因，遊びが継続した要因として保育者の援助や環境構成が重要であったとともに，葛藤や揺れ，弛緩・発散するふざけ行動が，遊びへの集中・没頭と遊びの継続を支えていた点について考察した。

これらの結果を踏まえ，以下の節では，ふざけ行動の種類や機能，特徴，遊びの関係を整理し，ふざけ行動の意義について考察する。

4. ふざけ行動の種類と機能
—コミュニケーションの円滑化と葛藤・困りへの対処方略として—

［1］ふざけ行動の種類

ふざけの種類について，「大げさ・滑稽」と「からかい」が，とくに多く生起しており，発達的には，3歳児では「大げさ・滑稽」「真似」が多かったが，4，5歳児

になると「からかい」が「大げさ・滑稽」と並んで多くなっている。また、3歳児は言語的制約があり「言葉遊び」は少ない。性差については、男児では「からかい」「タブー」が多く、女児では「大げさ・滑稽」「真似」が多い特徴が見られる。「大げさ・滑稽」「真似」は、やさしいふざけ、「からかい」「言葉遊び」は、少し高度なふざけと考えられ、3歳児よりも4、5歳児のほうが、女児よりも男児のほうが高度なものに挑戦していることがうかがわれた。

とくに望ましくないとされる「タブー」のふざけは、その言葉や行動だけでおかしさを引き起こすことのできる、伝わりやすいふざけであり、年齢やタブーの種類を問わず、成功率は約7割と高い。「タブー」全体の発達的変化としては、4歳、4歳児に多いという先行研究（McGhee, 1979／1999；友定, 1993）[6)][5)]と一致して3歳児後半から4歳児で多く生起していた。しかし、5歳児では、性のタブーが目につくようになるとする友定（1993）[5)]の結果は支持されず、身体・排泄のタブーは減少するが、相手をからかうようなネガティブなタブーが多く見られた。

また、ふざけの多い男児が多く活用していたふざけは「からかい」であった。その男児が、活動的な遊びや「からかい」のような少し攻撃性のある刺激的なふざけを一緒に楽しめる仲間集団へと居場所を移していったプロセスから、仲間関係の変容とふざけ行動の生起が関連していることが示された。

［2］ふざけ行動の機能 ──緊張緩和の機能への着目──

ふざけ行動の果たす役割として、「関係強化pos.」の機能がもっとも多く、「関係強化neg.」の機能と併せると約9割を占めていた。ふざけが親和的欲求から遊戯的に行われていることから考えれば、当然なのかもしれない。発達差として、3歳児では「関係強化pos.」が多かったが、5歳児になると「関係強化pos.」は減少し、「関係強化neg.」が多くなっていた。

性差としては、「関係強化pos.」が女児に多く見られ、「緊張緩和」「自己主張」が男児に多く見られた。女児は相手にも受け止められやすい、コミュニケーションを円滑にする機能のある「関係強化pos.」で相手とつながろうとしていた。一方、攻撃性のある、相手に受け止められない可能性もある「関係強化neg.」や、ネガティブな状況を解消しようとしてふざけを行う「緊張緩和」の機能は少し高度な機能ととらえられ、男児は少し高度なふざけに挑戦していたと考えられる。これらの機能は、ふざけ行動の意義を考える上で重要である。

ここでは、「緊張緩和」の機能に着目して考えるため、「緊張緩和」と関連する概念として、上野（2003）[11)]の「支援的ユーモア」を取りあげたい。「支援的ユーモア」とは、「自己客観視や自己洞察を含む刺激や、重い問題を軽く見せる刺激」によって、「気持ちを支えたいという目的で生み出されるユーモア」である（上野, 2003）[11)]。上野の研究は、青年期を対象としており、自己統制のためにユーモアを活用することが

幼児にすべて当てはまるとはいえないだろう。しかし,「緊張緩和」の機能である,自己と他者である仲間との関係のなかで生じた困難な状況に対処copingしようとすることは,自己洞察は難しいにしろ,つらい状況を笑い飛ばして気持ちを支えるという「支援的ユーモア」の芽生えと考えられるのではないだろうか。

　また,上野（2003）[11]は,3つのユーモア志向（遊戯的ユーモア,攻撃的ユーモア,支援的ユーモア）のうち,遊戯的ユーモアと支援的ユーモアを好む人は,他者との親和的欲求が高いこと,思いやり行動が多いこと,協同的人生観や努力的人生観が高いという関連が見られると述べている。

　とくに支援的ユーモア志向に関しては,ネガティブ事象における持続性（つらいことがあってもがんばり続けること）や,ネガティブ事象の受容性（つらいことを受け入れられること）と強い関連が見られたという。つまり,支援的ユーモア志向の人は,つらい出来事があっても,それを受け入れて,粘り強くがんばり続けることができ,さらに抑うつ感も低かったのである（上野,2003）[11]。これは,近年幼児期から育むことの重要性が指摘されている社会情動的スキル（粘り強さ,自己調整等）にも関わると考えられる（OECD,2015a；池迫・宮本,2015；無藤・古賀,2016；内田,2017）[54][55][57][58]。

　「緊張緩和」機能のふざけとしては,いざこざなどの状況や仲間関係を調整しようとするふざけ,難しさや抵抗を感じる場面を切り抜けたり,ごまかしたりするためのふざけ,自己調整して立て直そうとするふざけなどがあげられる。「関係強化pos.」の機能がコミュニケーションを円滑に進めるための働きを担っているのに対し,「緊張緩和」は葛藤・困りへの対処方略としての働きを果たしている。Corsaro（1985）[26]や広瀬（2006）[52]などの先行研究においても,ふざけることで緊迫した状況を緩和する働きについては指摘されているが,本研究を通して,ふざけ行動の機能として「緊張緩和」にも焦点化したことで,ふざけ行動の「遊戯性playfulness」だけでなく,「支援性supportability」についても明示した点が重要と考える。

［3］ふざけの流れ

　ふざけの流れについて,機能ごとにその展開プロセスがある程度定まっていることが示された。ふざけの流れのプロセスが,機能によってある程度定まることは,状況や関係などに影響を受けやすく,あいまい性のあるふざけであっても,ふざけをする行為者にとって先の展開を読みやすくなり,その場の状況に合ったふざけを行うことにもつながるだろう。また,ふざけをされる相手にとっても,行為者の意図を読みやすくなり,仲間とともにその遊戯性をとらえながら,ふざけを楽しむことがしやすくなると考えられる。コミュニケーションを円滑にし,葛藤や困りに対処するふざけの役割を,行為者と相手の双方が受け止めながら展開することができるのではないだろうか。

5. ふざけと遊びとの関係
—二面性・両極性によるあいまい性と支援性を備えた行動として—

［1］ふざけ行動の二面性・両極性，あいまい性，支援性

　ふざけ行動は，基本的に円滑なコミュニケーションを促すために，遊戯性playfulnessをもって親和的に行われるが，関係強化neg.の機能のように攻撃的に行う刺激的なふざけもあり，遊戯性と攻撃性aggressionという二面性duality・両極性polarityを備えている。そのため，どちらの意味合いも含むあいまい性ambiguityを備えた行動である。

　また，集中・没頭involvementするような遊びで見られるふざけ行動には，弛緩・発散relaxationする働きがあると考えられる。たとえば，緊張緩和のふざけのように，何とかして緊迫した状況を緩和しようとしたり，関係強化のようなふざけで気分転換し，再び遊びに集中・没頭したりする場合，支援性supportabilityの特徴が見いだせるだろう。

　ふざけ行動の二面性・両極性の特徴として，たとえば，「望ましい」遊びと「望ましくない」ふざけ，ユーモアとタブーのふざけ，からかいなどの遊戯的攻撃（じゃれあい遊びやツッコミ）と真の攻撃，集中・没頭と弛緩・発散などがある。これらの二面性・両極性の特徴のため，ふざけ行動は，プレイサインや意図を読み取りながら，相手がさまざまに解釈する余地のある，あいまい性を備えた行動であるといえる。そのあいまい性があるからこそ，ふざけ行動の難しさとおもしろさがあり，その読み取り方やとらえ方において，子どもの社会情動的スキルの発達や保育者の専門性が影響すると考えられる。

　ふざけ行動は，ふざけ行動自体に二面性・両極性が見られるだけでなく，ふざけと遊び，ふざけと攻撃との関係にも二面性・両極性が存在する。「望ましい」遊びと「望ましくない」ふざけの境界はあいまいであり，ふざけはその間を揺れ動く存在ととらえられる。攻撃性についても，遊戯的な攻撃やじゃれ合い遊びと，真の攻撃は，遊戯性によって判断するにせよ，その間を揺れ動きながら，識別基準が定まったり，切り替わったりするのではないだろうか。

［2］ふざけと遊びとの関係からみたふざけ行動の意義：事例から

　ここでは，事例を通して「ふざけ」と「遊び」との関係について取りあげ，幼児教育におけるふざけ行動の意義について考察したい。

• 事例2 •

5歳児廊下・保育室・家づくりでのいざこざ ───────── 5歳児1月末

カン・レイ：家の設計図を書き，新しい段ボールで今までより広いお家を熱心につくっている。
タイ・タカ・コウ：数日前からお家づくりに参加し，家のなかで過ごす。
アヤ　　：急に「お客さん（アヤ）が来ましたよ」と入ってきて様子を確認したあと，出ていく。
数人の子：次々とお家に入ってきて，なかをながめると，家の外へ出ていく。
カン・レイ：「仲間じゃないのに入るのは泥棒でしょ！」とふざけながらツッコミを入れる【からかい／緊張緩和】。カンの表情がだんだんかたくなる。
タカ　　：カンのつくったお風呂を見て「お風呂に入れて」と頼む。
カン　　：「僕の。僕がつくったから入ってほしくない」
タカ　　：「みんなでつくった家で！　何で入ってほしくないの？」
カン　　：段ボールにくるまってしまう。
保育者　：カンに話しをする。
カン　　：段ボールにくるまったまま出てこない。
保育者　：「考えてるみたいだから，お部屋で待ってよう」とみんなで保育室へ戻る。
保育者　：再び声をかけに来て話を聞く。
カン　　：「お風呂は静かにしたかったのに，みんな入らせろ入らせろって」とぽつぽつ話す。
保育者　：嫌な思いを受け止めたあと「先生も楽しくなって，静かにしなきゃって思わなかったかもしれない。『静かにして入るところだからね』って言ったらわかるかもしれないよ」
保育者　：気持ちを立て直せずにいるカンに「みんな待ってるけど，お部屋に行く？」
カン　　：少し考えて「落ち着いてから行く」
保育者　：「待ってるからね」と声をかけて保育室へ戻る。
カン　　：家から望遠鏡で外を眺めてしばらく静かに過ごしたあと，保育室へ行く。
みんな　：「カンちゃん！」と受け入れ，保育者のそばに行ったカンの話を聞こうとする。
カン　　：小さな声で「お風呂はね……」とポツポツ話す。
保育者　：タカが心配していたこと，ネネが真剣に聞いていたことを伝える。
カン　　：にっこりする。

　お帰りでタカはカンが来るのを待ち，手をつないで帰る。翌日以降も皆で広い家づくりに取り組む。

事例として、男児カンから始まった家づくり・家遊び（掘越、2017）[7]の事例2を取りあげる。5歳児11月からカンやレイは集中・没頭して家づくりに取り組み、遊びを継続するなかで、家づくりの難しさや、家を大きくしたことによるいざこざや葛藤が生じて、揺れが見られた。

カンは遊び続けてよりよいお家ができたことで達成感や満足感を味わう一方で、家が大きくなってほかの仲間が出入りすることにより、不安定になったときにふざけて自己調整しようとしたが、うまく対処できずにいざこざになっている。結果として、仲間の存在や保育者の細やかな援助によって折り合いをつけ、その後も家づくりに粘り強く工夫しながら取り組み、卒園直前まで遊びを継続することへとつながった。

家づくりの一連の事例では、葛藤・揺れが生じたり、葛藤に対処しようとしてふざけが生じたりすることによって、再び集中・没頭して遊びに取り組み、遊びを継続するきっかけが生まれている。つまり、子どもの集中・没頭を引き出す遊びと、葛藤・揺れ、弛緩・発散するふざけが関連しながら生起することによって、子どもの学びの芽生えや、最後までやり遂げる、粘り強く取り組む、集中・没頭する、自己調整し折り合いをつけるなどの社会情動的スキル（学びに向かう力）が育まれるのではないだろうか。

当然ながら、集中・没頭は絶えず続くわけでなく、どこかで弛緩・発散することによって継続が可能になる。家づくり遊びが展開していくプロセスでは、修理方法を考えるなかでツッコミを入れる関係強化のふざけをして、仲間とのプレイフルな雰囲気を高めたり、葛藤・揺れを抱えた際の対処方略として緊張緩和のふざけを行い、葛藤を解消しようとしたりする様子が観察されたのである。

［3］ふざけと遊びとの関係における遊戯性、二面性・両極性、あいまい性、支援性

改めて「遊び」と「ふざけ」について考えれば、遊びに集中・没頭して取り組む場合、「挑戦」「困り、葛藤・揺れ」などの姿が見られることがある。ふざけ行動は、遊びが継続し展開していくなかで、困りや葛藤・揺れに対処したり、緊張や集中をゆるめてリラックスさせたりして、再び遊びへ集中・没頭して粘り強く挑戦することへつなげたり、気持ちを切り替えたり立て直したりすることを支えている。遊びでの挑戦、困りや葛藤・揺れは、学びの芽生えや社会情動的スキル（学びに向かう力）の育ちを促し、ふざけはそれらを支援する存在ととらえられるだろう。

図2は、集中・没頭する遊びとふざけとの関係について、ふざけ行動の機能とその意義を位置づけて示したものである。まず、遊びとふざけをつなぐきっかけとなるものとして、「挑戦や困り、葛藤・揺れ」があり、遊びはこのきっかけを通して、学びの芽生えを育み、深い学びへ導くとともに、社会情動的スキル（学びに向かう力）を育むことにもつながると考える。また、ふざけと遊びは、人やもの・環境、社会との

関わりのなかから生じているため，大きな枠ですべてを囲んでいる。

次に，遊び，ふざけ，ふざけと遊びとの関係を検討するため，「遊戯性」「二面性・両極性」「あいまい性」「支援性」について整理したい。この4つの概念はすべて「ふざけ」の特徴であり，「遊び」の特徴でもある。今回は，幼児教育への積極的な位置づけを検討するという目的に沿って，集中・没頭に関わる「遊び」と「ふざけ」との関係に限定しながら考察する。

「遊び」の特徴は，「二面性・両極性」「支援性」「集中・没頭」から構成されている。「二面性・両極性」には「遊戯性」と遊び込み，「あいまい性」をあげたほか，「支援性」には，状況や仲間関係との調整を支える折り合いや自己調整をあげている。「集中・没頭」では，学びの芽生えや社会情動的スキルに関わるものとして，試行錯誤，粘り強さ，継続性，協同性，達成感，やり遂げることが含まれている。

「ふざけ」の特徴は，「二面性・両極性」「支援性」「弛緩・発散」から構成されている。「二面性・両極性」として，「遊戯性」と攻撃性や，望ましいユーモアと望ましくないタブー，「あいまい性」をあげている。「支援性」としては，ふざけの緊張緩和の機能が関わり，困りや葛藤への対処方略や立て直し，ごまかし，気分転換が含まれる。「弛緩・発散」では，緊張や集中をゆるめるリラックス，居場所感をあげている。

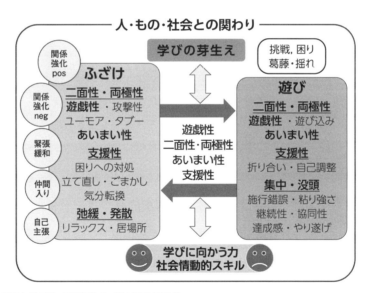

図2 ふざけと遊びとの関係とふざけ行動の意義

「ふざけと遊びとの関係」について，共通する特徴としては「遊戯性」が前提として存在し，楽しさやおもしろさ，プレイフルであることが重要である。「遊戯性 playfulness」について，Lieberman（1977／1980）[70]は「自発性」「あらわな喜び」「ユーモア感」から構成されるとしているが，本論文にも援用可能な定義といえるだろう。

「二面性・両極性」は，ふざけと遊びとの関係のなかにも存在し，2つの観点から考えられる。たとえば，遊びでのいざこざによる謝罪場面では，あるタイミングからふざけが連続して生じることがある。謝罪は本来まじめな場面であるが，ふざけることで緊迫した状況へ対処し，謝罪の気持ちを伝えて解決することは，謝罪の二面性・両極性ととらえることができる。また，継続する遊びの展開として，「集中・没頭」する遊びと，その途中で見られる「弛緩・発散」のふざけは，遊びの継続に寄与すると考えられるが，継続する遊び全体としては「二面性・両極性」を呈しているといえるだろう。

「あいまい性」の特徴は，ふざけと遊びとの関係の「二面性・両極性」から影響を受けている。どちらにも「あいまい性」があるため，その状況や相手との関係，タイミングなどの微妙さによって，結果や展開が変わる可能性がある。行為者側の相手への伝え方や相手側の解釈と対応に難しさが生じる一方で，その場で生成される臨場感やおもしろさ，おかしさがあり，ときにおかしさやふざけの伝染という形で周囲を巻き込んでいくこともありえるのである。

「支援性」の特徴として，本論文では2つの働きを提示したい。一つは，葛藤や揺れの場面で，何とか状況や相手との関係を改善しようと対処する働きであり，もう一つは，「集中・没頭」する遊びの継続などによって育まれる学びの芽生えや社会情動的スキルを，「弛緩・発散」するふざけが刺激となって支え促す働きである。前者については，まじめな遊びだけでなくふざけも含めた遊びを提唱する中野（2016）[71]が，遊びの「ポジティブな情動を生み出し，それを抑制する負の情動を調整し，バランスをとる働き」（p.522）を指摘したこととつながるだろう。また，後者については，たとえば，ある遊びに集中して挑戦した後，ふざけによって気分転換したり，気持ちを立て直したりすることで，再度挑戦しようとする気持ちを支える場合や，ある目的を達成した後，ふざけることで満足感や開放感を高め，さらに次の展開へ向けて促す場合が考えられるだろう。

[4] 幼児教育におけるふざけ行動の積極的な位置づけ

以上を踏まえ，ふざけ行動の意義と幼児教育での積極的な位置づけについて検討すると，以下の4点があげられる。

① 遊戯性を伴い，ポジティブなコミュニケーションを円滑に進めるためのものであること（**遊戯性**）。
② いざこざなどのネガティブな状況に対応する対処方略となっていること（**支援性**）。
③ 集中・没頭や，集中・没頭することで生じる学びの芽生えや社会情動的スキルの育成を，弛緩・発散の一表現として支えていること（**支援性**）。

④ 二面性・両極性の特徴をもち，状況や関係性に応じて変容するあいまい性の高い行動であり，状況や行動から意図を読み取って判断するため，幼児にとっても保育者にとってもスキルを高める機会となりうること（**二面性・両極性，あいまい性**）。

最後に，④について少し補足すれば，ふざけの二面性・両極性と，それに伴うあいまい性によって，幼児はその行動を判断・識別するスキルを身につける機会が生じ，コミュニケーションスキルを高めることへつながっていく。同時に，幼児に関わる保育者も，ふざけ行動のあいまい性と遊戯性の意味を，自覚的に読み取って理解したり，ときに自らの価値観の転換を図りながら，ふざけの機能を認めて受け止めたりする視点をもつことが必要と考える。

たとえば，タブーを含むふざけ行動は，個々の保育者によって受容の寛容さは異なるだろう。幼児のふざけ行動について自覚的にとらえて，自分の受容度を改めて見つめ直し，なぜ受け入れられないのかを問い続けることは，大切な省察のプロセスである。上記の4点を意識して，保育者がふざけ行動へのとらえ方を転換し，幼児の学びの芽生えや学びに向かう力を育むような，ふざけ行動の生かし方を考え，ときにはふざけ行動を一緒に楽しむ姿勢をもつことこそが，保育者の専門性発達や資質向上にもつながるのではないだろうか。

6. 今後の課題

本論文で取りあげた，ふざけ研究の限界と今後の課題は，以下の3点である。

① ふざけ行動が男児に多い行動であったため，男児を中心とした仲間関係の把握となっている点である。女児におけるふざけ行動の役割，ふざけ行動を受けとめる意味についても，今後，ていねいにとらえる必要があるだろう。
② 幼児のふざけ行動を，社会情動的スキルや学びと関連づけて考察したが，実際に子どもの認知的発達や社会情動的発達を測定していない点である。今後は，ふざけ行動によって，どのような影響や効果があるかについてとらえることが求められる。
③ 幼児期のふざけ行動が，幼小接続期も含めた小学校以上のふざけ行動やユーモア行動へどのように影響するのか，攻撃行動とのつながりも踏まえてとらえることが必要である。また，幼小接続期にあたる小学校入学した子どもたちが，入学によるとまどいのなか，どのようにふざけ行動を行うのか，小学校教師がどこま

で受け入れたり，ユーモアとして活用したりするのかについても検討することが可能だろう。

[.. **引　用　文　献** ....]

1）文部科学省『幼稚園教育要領解説』フレーベル館，2018
2）厚生労働省『保育所保育指針解説』フレーベル館，2018
3）内閣府・文部科学省・厚生労働省『幼保連携型認定こども園教育・保育要領解説』フレーベル館，2018
4）平井信義・山田まり子『子どものユーモア：おどけ・ふざけの心理』創元社，1989
5）友定啓子『幼児の笑いと発達』勁草書房，1993
6）McGhee, P. E. 1979 Humor：Its origin and development. San Francisco, CA：Freeman.（マッギー著，島津一夫他訳『子どものユーモア：その起源と発達』誠信書房，1999）
7）掘越紀香『幼児における「ふざけ行動」の意義』白梅学園大学大学院子ども学研究科博士課程2016年度学位論文，2017
8）井上宏「笑いと人間関係」『笑い学研究』1，1994，19-22
9）志水彰『笑い：その異常と正常』勁草書房，2000
10）上野行良「ユーモア現象に関する諸研究とユーモアの分類化について」『社会心理学研究』7，1992，112-120.
11）上野行良『ユーモアの心理学：人間関係とパーソナリティ』サイエンス社，2003
12）雨宮俊彦『笑いとユーモアの心理学：何が可笑しいの？』ミネルヴァ書房，2016
13）Martin, R. A. 2007 Psychology of Humor：An Integrative Approach. Academic Press.（マーチン著，野村亮太・雨宮俊彦・丸山俊一監訳『ユーモア心理学ハンドブック』北大路書房，2011）
14）Reddy, V. 2008 How infants know minds？ Harvard University Press.（レディ著，佐伯胖訳『驚くべき乳幼児の心の世界：「二人称的アプローチ」から見えてくること』ミネルヴァ書房，2015）
15）田爪宏二「自由遊び場面における幼児のユーモア発言」『幼年教育研究年報』18，1996，95-100.
16）奥田倫子「子どものユーモアに関する研究（その2）」『北陸学院短期大学紀要』20，1988，25-48
17）岡林真実子「笑いと子どもの人間関係について：子どもの対話のおもしろさから」『保育学研究』33，1995，53-60
18）岡林真実子「子どもの遊びの特質と笑いの関係性について：遊びの事例分析を通して」『子ども社会研究』3，1997，16-28
19）伊藤理絵・本多薫・佐竹真次「幼児に見られる笑いの分類学的研究」『笑い学研究』14，2007，40-50
20）伊藤理絵・内藤俊史・本多薫「幼児に見られる攻撃的笑いについて：観察記録からの検討」『笑い学研究』16，2009，114-118
21）伊藤理絵「幼児の笑いを考える：笑いの攻撃性の観点から」『チャイルドサイエンス』8，2012，62-65
22）伊藤理絵『笑いの攻撃性と社会的笑いの発達』渓水社，2017
23）中野茂「遊び研究の潮流：遊びの行動主義から"遊び心"」高橋たまき・中沢和子・森上史朗共編『遊びの発達学　基礎編』培風館，1996，pp.21-60
24）中野茂「遊び研究の展望」小山高正・田中みどり・福田きよみ編著『遊びの保育発達学：遊び研究の今，そして未来に向けて』川島書店，2014，pp.1-25
25）Garvey, C. 1977 Play. Cambridge, Harvard University Press.（ガーベイ著，高橋たまき訳『「ごっこ」の構造：子どもの遊びの世界』サイエンス社，1980）
26）Corsaro, W. A. 1985 Friendship and Peer Culture in the Early Years. Ablex.
27）富田昌平・藤野和也「幼児の下品な笑いの発達」『三重大学教育学部研究紀要』67，2016，161-167.
28）畠山美穂・山崎晃「自由遊び場面における幼児の攻撃行動の観察研究：攻撃のタイプと性・仲間グループ内地位との関連」『発達心理学研究』13，2002，252-260

29）畠山美穂・山崎晃「幼児の攻撃・拒否行動と保育者の対応に関する研究：参与観察を通して得られたいじめの実態」『発達心理学研究』14，2003，284-293

30）中野茂「乳幼児期の母子遊び開始手段としての母親の冗談行為の成否と規定する要因の縦断的研究：母子間の情動伝達のスムーズさと働きかけの許容範囲の主観的評価の後続的影響を中心に」平成4年度科学研究費補助金研究成果報告書，1994

31）牧亮太「幼児のコミュニケーションの一様式としてのからかい：観察・エピソード分析による多角的検討」『乳幼児教育学研究』18，2009，31-40

32）牧亮太・湯澤正通「幼児の遊びにおけるからかいの機能」『保育学研究』49（2），2011，146-156

33）子安増生『心の理論：心を読む心の科学』岩波書店，2000

34）木下孝司「他者の心，自分の心：心の理解の始まり」麻生武・内田伸子編『講座生涯発達心理学　人生への旅立ち』金子書房，1995，pp.163-192

35）Bateson, G. 1972 Step up an ecology of mind. New York. Chandler.（ベイトソン著，佐藤三郎訳『精神の生態学　改訂第2版』新思索社，2000）

36）西村清和『遊びの現象学』勁草書房，1989

37）矢野智司『意味が躍動する生とは何か：遊ぶ子どもの人間学』世織書房，2006

38）Pellegrini, A. D. 2013 Play. In P. D. Zelazo & P. E. Nathan (Eds.), The Oxford Handbook of Developmental Psychology Vol.2 (pp.276-299). New York：Oxford University Press.

39）Smith, P.K. & Lewis, K. 1985 Rough-and-Tumble Play, Fighting, and Chasing in Nursery School Children. Ethology and Sociobiology, 6, 175-181.

40）Blurton Jones, N. (Ed.) 1972 Ethological studies of child behavior. Cambridge University Press.（ブラトン・ジョウンズ編著，岡野恒也監訳『乳幼児のヒューマンエソロジー：発達心理学への新しいアプローチ』ブレーン出版，1987）

41）Boulton, M.J. 1993 Children's abilities to distinguish between playful and aggressive fighting：A developmental perspective. British Journal of Developmental Psychology, 11, 249-263.

42）Pellegrini, A.D. & Smith, P.K. 1998 Physical Activity Play：The Nature and Function of a Neglected Aspect of Play. Child Development, 69, 177-198.

43）Blatchford, P., Baines, E., & Pellegrini, A. 2003 The social context of school playground games：Sex and ethnic differences, and changes over time after entry to junior school. British Journal of Developmental Psychology, 21, 481-505.

44）Lillard, A. S. 2015 The Development of Play. In R. M. Lerner (Ed.), The Handbook of Child Psychology and Development Science, seventh edition, Vol.2 (pp.425-468.). John Wiley & Sons.

45）Crick, N. R. & Dodge, K. A. 1994 A review and reformulation of social information-processing mechanisms in children's social adjustment. Psychological Bulletin, 115, 74-101.

46）本郷一夫「仲間関係」日本児童研究所編『児童心理学の進歩1994年度版』金子書房，1994，pp.227-253

47）Rubin, K.H., Bowker, R.J., McDonald, K.L., & Menzer, M. 2013 Peer Relationship in Childhood. In P. D. Zelazo & P. E. Nathan (Eds.), The Oxford Handbook of Developmental Psychology Vol.2 (pp.276-299). New York：Oxford University Press.

48）斎藤こずゑ・木下芳子・朝生あけみ「仲間関係」無藤隆・内田伸子・斎藤こずゑ編『子ども時代を豊かに：新しい保育心理学』学文社，1986，pp.59-111

49）倉持清美「幼稚園の中のものをめぐる子ども同士のいざこざ：いざこざで使用される方略と子ども同士の関係」『発達心理学研究』3，1992，1-8

50）高坂聡「幼稚園児のいざこざに関する自然観察的研究：おもちゃを取るための方略の分類」『発達心理学研究』7，1996，62-72

51）高濱裕子・無藤隆「仲間との関係形成と維持：幼稚園期3年間のいざこざの分析」『日本家政学会誌』50，1999，465-474

52）広瀬美和「子どもの調整・仲直り行動の構造：保育園でのいざこざ場面の自然観察的検討」『乳幼児教育学研究』15，2006，13-23
53）Heckman, J. J. 2013 Giving Kids a Fair Chance. Massachusetts Institute of Technology.（ヘックマン著，大竹文雄解説，古草秀子訳『幼児教育の経済学』東洋経済新報社，2015）
54）OECD 2015 Skills for social progress：The power of social and emotional skills. OECD Publishing.
55）池迫浩子・宮本晃司「家庭，学校，地域社会における社会情動的スキルの育成：国際的エビデンスのまとめと日本の教育実践・研究に対する示唆」OECD・ベネッセ教育総合研究所，2015
56）ベネッセ教育総合研究所『幼児期から小学1年生の家庭教育調査・縦断調査：速報版』2016
57）無藤隆・古賀松香『社会情動的スキルを育む「保育内容　人間関係」』北大路書房，2016
58）内田千春「幼児教育における社会情動的スキル」『子ども学』5，2017，8-29.
59）「保育プロセスの質」研究プロジェクト（代表：小田豊）『子どもの経験から振り返る保育プロセス明日のより良い保育のために』幼児教育映像制作委員会，2010
60）無藤隆「幼児教育から小学校教育への接続とは」『子ども学』1，萌文書林，2013，54-74
61）秋田喜代美編著『対話が生まれる教室：居場所感と夢中を保障する授業』教育開発研究所，2014
62）Learvers, F. 1998 Understanding the word of objects and of people：Intuition as the core element of deep level learning. International Journal of Education Research, 29, 69-86.
63）Carr, M. 2001 Assessment in Early Childhood Settings：Learning Stories. SAGE.（カー著，大宮勇雄・鈴木佐喜子訳『保育の場で子どもの学びをアセスメントする：「学びの物語」アプローチの理論と実践』ひとなる書房，2013）
64）Csikszentmihalyi, M. 1990 Flow：The Psychology of Optimal Experience. NewYork, Harper and Row.（チクセントミハイ著，今村浩明訳『フロー体験：喜びの現象学』世界思想社，1996）
65）田中熊次郎『増訂ソシオメトリーの理論と方法』明治図書出版，1970
66）狩野素朗『対人行動と集団』ナカニシヤ出版，1995
67）掘越紀香・無藤隆「幼児にとってのふざけ行動の意味：タブーのふざけの変化」『子ども社会研究』6，2000，43-55
68）掘越紀香「幼児の仲間関係における居場所の変容：ふざけ行動とのかかわり」住田正樹・南博文編著『子どもたちの「居場所」と対人的世界の現在』九州大学出版会，2003，pp.274-279
69）掘越紀香「ふざけ行動にみるちょっと気になる幼児の園生活への対処」『保育学研究』41（1），2003，71-79
70）Lieberman, J. N. 1977 Playfulness：Its Relationship to Imagination and Creativity. Academic Press.（リーバーマン著，澤田慶輔・澤田瑞也共訳『「遊び方」の心理学：遊びの中に見る想像と創造性』サイエンス社，1980）
71）中野茂「遊び」田島信元・岩立志津夫・長崎勤編著『新・発達心理学ハンドブック』福村出版，2016，pp.513-524

［謝辞］

観察にご協力いただきました幼稚園の先生方と子どもたちに心より感謝申し上げます。

［付記］

本論文は，白梅学園大学大学院2016年度学位論文『幼児における「ふざけ行動」の意義』の一部を加筆・修正し，まとめ直したものである。

〈原著論文〉
4歳児の製作場面におけるモノを他者に「見せる」行為の機能の検討

|文| 佐川早季子

〈原著論文〉

4歳児の製作場面におけるモノを他者に「見せる」行為の機能の検討

|文| 佐川早季子*

要約

　本研究の目的は，製作場面において4歳児がモノを他者に「見せる」行為が，「見せる」側の幼児にとってどのような機能をもつ行為なのかを明らかにすることである。幼稚園4歳児2クラスを対象に1年間の継続的観察を行い，「見せる」行為の相手と機能に着目して分析した。結果，製作に固有の「見せる」行為の機能には，幼児が「製作結果の報告」を行う機能と「製作過程での交渉」を行う機能の2つがあり，「見せる」相手が保育者か他児かにより異なる傾向があることが明らかになった。次に，幼児がモノを「見せる」相手は，学年開始期は保育者，学年最終期では他児が多いことが明らかになった。さらに，幼児間での「見せる」行為の機能は，時期による相違が見られ，学年開始期には，「製作結果の報告」が多いが，学年最終期では「製作過程での交渉」の機能をもつ「見せる」行為が多くなっていた。幼児同士で一緒に過ごす時間の経過や一緒に遊んだ経験が蓄積されるにしたがって，他児は協働で製作する相手・パートナーの役割を担うようになり，「見せる」行為が質的に変化することが示唆された。

キーワード

製作，「見せる」行為，相互行為，共同注意，4歳児

* 奈良教育大学教育学部

1.
問題と目的
―幼児期の造形表現においてモノを「見せる」行為に着目する意義―

　本研究は，幼児が製作場面において，モノを他者に「見せる」行為が，「見せる」側の幼児にとって，どのような機能をもつのかを明らかにすることを目的とする。

　他者にモノを差し出し，「見せる」という動作は，同じモノに他者の注視を向けることで，双方の注意をそのモノに集めるという形で，共同注意を操作する行動である[1]。前言語の共同注意は9か月頃から発現し，その後，言語による共同注意が発現するとされており，綿巻は，「見て」という発話が経験や情報の共有を表現する共同注意請求発話であるとしている。そして，この種の発話が自閉症の子どもに非常に少ないことに言及し，共同注意を求める発話は，幼児が他者との関係をとり結ぶ機能を持つものであると考察している[2]。

　この「見せる」行為は，幼稚園や保育所で頻繁に見られる行為[3]であり，幼稚園で3年間の観察研究を行った福崎は，「みてて」発話には，相手の賞賛や承認を求める"共感的機能"，他者の注目を得ることを利用しながら二次的目的を達成しようとする"方略的機能"，他者の心の動きを察しながら自分ごととして他者を思い，気持ちをつなごうとする"媒介的機能"があることを明らかにしている[4]。福崎の研究は，保育現場での「みてて」発話を事例収集によりボトムアップに研究し，多様な機能を明らかにした点で重要な示唆を与えている。

　ただし，登園から降園までのさまざまな場面を対象としているため，幼児が「見せる」対象も自他の身体，モノなど，さまざまである。幼児が造形表現を行う場面では，幼児は眼前にあるモノを見せ，自分の内的なイメージや意図を他者に伝えることによって，相手が着想を得て，新たな表現を生みだすことなどが報告されていることから[5]，造形表現場面に固有の「見せる」行為の機能があると考えられる。また，美術・造形表現においては，モデルや自他の作品といったモノを注視することによって表現者がさまざまな情報を得て思考する「視覚的思考」が中心になっているといわれている[6]。「見せる」行為は，共同注意を操作する行動であるだけでなく，相手の「視覚的思考」を引き起こす行為であるという点で，造形表現においては重要な相互行為であると考えられる。

　製作に関する実証研究においても，「見せる」行為は，幼児に新しいアイデアをもたらす方略の一つにあげられている。ローデンは，子どもが協働での製作を進める代表的な方略として，モノを「見せること」と「評価すること」をあげ，英国の就学前教育を受けている満4～5歳児，および小学1，2年生の観察研究を行っている[7]。その結果，おもに就学前段階と小学1年生のグループでは，「見せる」方略が頻繁に使われていたが，「評価する」方略に関しては個人的な好き嫌いを言及するにとどま

り，製作物がそのモノとしての基準を満たすかどうかについての批判的言及はなかったことを指摘している。対して，2年生では，「見せる」行為の回数は少なくなる一方，仲間からの批判的な評価や，児童自身による気づきや自己評価が多くなり，製作物の修正をすることが多かったことを明らかにしている。

　以上のように，幼児の「見せる」行為には，年齢により異なる特徴があることが示されているが，その機能については詳細に明らかにされておらず，幼児の発達的変化や幼児間の関係性の変化にともなって，時期によって「見せる」行為の機能にどのような相違が見られるのかについては検討されていない。そこで，本研究では，製作場面における幼児の「見せる」行為の機能が時期によって，どのような異なる特徴をもつのかについて検討する。

　なお，本研究では，以下のような発達的特性を示すことから4歳児を対象とする。製作の発達段階に関する研究では，4歳から5歳にかけての年齢で，モノの物理的特徴・視覚的特徴から発想してつくる段階から，つくったモノで遊ぶために目的をもってつくる段階へと移行すると考えられている[8,9]。すなわち，4～5歳の年齢で，モノから発想を広げ，製作物に付与したイメージを幼児間で共有したり，遊ぶことを目的に他児と協働で製作することが予想される。また，4歳時期は，他者の意図や目的といった心的状態に関する理解が進み，仲間とのかかわりが展開していく時期である[10]。このようなことより，本研究では，他者の意図理解などの発達に支えられ，モノに付与したイメージを他者と共有し，遊ぶことを目的に他児と協働で製作することが予想される4歳児を対象とする。

2. 分析の視点

[1] 製作場面に固有の「見せる」行為の機能

　乳児の前言語的行為としての「見せる」行為について論じたやまだは，「見せる」行為といっても，原理的に考えると，それが指さしか提示かやりとりなのかにより，相手との位置関係や対象（モノ）との距離（外にあるモノ／私の領域内）において質的に異なるコミュニケーションであると述べている[11]。しかし，実際の保育の場で行われる製作場面において，この「見せる」行為が，どのような機能を果たしているのか，自他との関係をどのようにとり結んでいるのかについては詳細な研究がない。そこで，やまだを参照し，自他の関係をとり結ぶ相互行為として「見せる」行為の機能について分析する。

［2］幼児がモノを「見せる」相手の時期による特徴

　先述の福崎は,「みてて」発話は,未知の関係では生じず,既知の関係間を経て徐々に広がっていくことを明らかにしている[12]。この知見より,時期によって幼児が「見せる」相手も異なることが予想されることから,時期により,幼児がモノを「見せる」相手が保育者か他児かを分析する。

［3］幼児がモノを「見せる」行為の機能における時期による特徴

　幼児間の相互行為と仲間関係に関する研究では,幼児が相手との関係における親密度に応じて相互行為の内容を変えていることが明らかにされている[13, 14, 15]。このことから,特定の幼児と一緒に過ごす時間の長さや回数の多さといった時間的経過にともない,幼児間の関係の親密性も変化すると考えられ,その変化に応じて「見せる」行為の機能も異なると考えられる。時期により,幼児が他者にモノを「見せる」行為の機能に,どのような相違がみられるのかを分析する。

3. 本研究の目的と方法

　本研究では,幼稚園4歳児2クラスを対象とした1年間の継続的観察研究を行い,製作場面における「見せる」行為に着目して観察事例を収集し分析することで,以下2つの課題について検討していく。分析①では,「見せる」相手が保育者か他児かにについて検討する。分析②では,「見せる」相手と機能に関して,時期により異なる特徴を検討する。

［1］観察

①研究協力者

　研究協力者は,神奈川県内私立幼稚園の3年保育の2年目である4歳児2クラス計56名（女児27名・男児29名,観察開始時平均年齢4歳5か月,年齢範囲4歳0か月〜5歳0か月）である。

　当園では,基本的に午前中（9：00〜11：00）と昼食後（12：00〜13：30）に自由遊びの時間が設けられていた。自由遊びの時間には,保育室内に設置された製作コーナーに各種素材や道具が置かれており,保育室内の所定の場所に置かれた空き箱やトイレットペーパーの芯といった廃材,色画用紙などの各種素材,はさみやセロハンテープといった基本的な道具が自由に使えるようになっていた。

②観察の方法

観察は，20XX年度4〜3月に週1回参与観察を行った（計34日，計119時間）。4歳児2クラスのうち，ある週はAクラス，次の週はBクラスというかたちで，2つのクラスの観察を交互に行った。自由遊びの時間に，製作コーナーで幼児が自発的に製作を始め，他児と言葉を交わしながら製作する場面を，ワイヤレスマイク（SONY／ECM-AW3）をつけたビデオで撮影し，同時に幼児の声が聞き取れるだけの距離を置き，幼児の会話や表情，動作，その場の雰囲気なども含めてメモした（ビデオ録画時間合計12時間10分）。

観察終了後は，ビデオ記録とメモからフィールドノーツを作成した。なお，ビデオは，製作コーナー全体が画面に入るように設置し，製作コーナーで見られた幼児の「見せる」行為は，すべてフィールドノーツに文字起こしをした。

また，1か月に一度，製作する場面が観察された幼児の仲間関係や日ごろの様子などについて担任保育者にインフォーマルなインタビューを行い，記録に残した。1場面の単位は，幼児が製作を始めた時点（例：素材を手に取る，製作の目的やモノの見立てを表明する）を"場面の開始"，製作をやめた時点（例：製作物をロッカーにしまう，片付けを始める）を"場面の終了"とした。

なお，本場面の詳細な記述の掲載に関しては，園長ならびに担任保育者に了承を得て発表している。

[2] 分析

製作において，幼児が他者にモノを「見せる」行為の相手と機能を検討するため，フィールドノーツより，幼児が他者にモノを差し出し「見せる」行為を抽出して1回とカウントした。研究協力者である4歳児2クラス56名のうち，1年間の観察期間中で一度でも「見せる」行為が観察された幼児は30名であった。この30名の行った計222回の「見せる」行為を，以下の点に着目して分類した。

①「見せる」相手の分類

製作において，幼児が他者にモノを「見せる」行為の相手を検討するため，フィールドノーツより，幼児が他者にモノを「見せる」相手が保育者（観察者および保育参観中の保護者も含む）か他児かにより分類した。

②「見せる」行為の分類

製作において，幼児が他者にモノを「見せる」行為の機能を検討するため，ビデオ記録とフィールドノーツを照合し，計222回の「見せる」行為の事例からボトムアップに「見せる」行為カテゴリーを作成した（表1）。カテゴリーは，〈製作結果の報告〉と〈製作過程での交渉〉の2つに大別された。

筆者と独立に保育学を専攻する大学院生もう1名が，前後の文脈を含んだフィールドノーツに基づき，表1の下位カテゴリーにのっとって「見せる」行為の分類を行ったところ，一致率は82.2％であった。不一致箇所は協議の上，決定した。なお，本研究の文中での〈　〉は「見せる」行為カテゴリー，《　》は「見せる」行為の下位カテゴリーであることを示す。

表1　「見せる」行為カテゴリーの定義および具体例

「見せる」行為カテゴリー		定義	具体的な事例
製作結果の報告	よくできたことの伝達	できたこと（完成／幼児の技能）や，製作物のできばえ，相手の製作物よりすぐれていることを相手に伝える。	空き箱とペットボトルを組み合わせて「恐竜」をつくったせいやが，「みて，これ，なんかよくない？すごいでしょ」と言って，観察者に製作物を差し出す。（Ⅰ期）
	予想外になったことの伝達	自分の予想とは異なるものになったこと，予想とは異なるものを見つけたことを相手に伝える。	りょうたが，手で紙を破り，「うわ，長くなったよ，ほら」と驚いた表情で言い，破った紙をゆきの方に差し出す。（Ⅰ期）
	相手と同じモノをつくったことの伝達	相手と同じモノをつくったことを伝える。	りょうたのまねをして，ゆきが紙を長めに破り「ゆきちゃんも」と言って，微笑みながら破った紙をりょうたに見せる。（Ⅰ期）
製作過程での交渉	提案・教示・指定	素材・方法・製作物を提示することで自分の製作の意図を伝える。	かいじはマジックで数字をかいた色画用紙の紙片を，りょうたたちに見せ，「切符。この切符じゃないとダメ。電車に乗れない」と言う。（Ⅲ期）
	確認	素材・方法・製作物を提示することで，相手の意図をうかがい，同じように製作しているかどうかを確かめる。	まきとななこがカードをつくっているのを見たりょうたは，自分なりにカードをつくり，まきとななこに「こんなカード？」と言って見せる。（Ⅱ期）
	相手と同じモノを用いた遊びへの参加表明	相手が提案・指定した製作物を提示し，遊びに参加する意図を伝える。	りょうたが，かいじの指示に従い，色画用紙にマジックで何かを描く。それをかいじに見せ，「切符です」と言い，ダンボールの電車に乗ろうとする。（Ⅲ期）

　さらに，時期により異なる「見せる」行為の機能の特徴を検討するため，1年をⅠ期（4月～7月），Ⅱ期（9月～12月），Ⅲ期（1月～3月）に分け，各時期でのカテゴリー別回数を算出した。

　1年を上記の3期に分けた理由は，秋田・増田が，「保育においては，学期を単位とするのではなく多くの幼児に共通して現れる発達の節目を“期”としてとらえていくことが指導上も重要な点であり，行事への取り組みが期の節目となり発達援助をしていくことが指導の『ねらい』として位置づけられている。行事体験後の成就感・達成感・自信・協調・共同に支えられて，幼児の遊びへの取り組みは大きく変容していく」と述べるように[16]，発達の節目ごとに幼児間の相互行為に大きな変化が見られると考えたためである。

　そこで，本研究では，10月中旬に運動会を，2月初旬に"おゆうぎ会"を設定している研究協力園の実態に即して，10月前後と2月前後での幼児間の相互行為の相

違をとらえるため，9月から12月をⅡ期，1月から3月をⅢ期とした。

　このような区切りで1年を分け，各時期での幼児間の相互行為の特徴を検討することで，保育実践で実感される幼児の変化の特徴を明らかにし，実践との親和性の高い知見が得られると考える。なお，各時期ののべ観察時間は約45時間であり，時期による差はない。

4.
結果と考察

[1] 分析① 製作場面に固有の「見せる」行為の機能の分析

　製作場面に固有の「見せる」行為の機能を明らかにするため，表1の「見せる」行為カテゴリーに基づき検討する。

　乳児の前言語的行動として，提示（showing）行動における乳児と他者との関係について述べたやまだは，提示は，乳幼児が「私の領域内のもの」を相手に見せる行動であり，「ものを通じて私を見せる，さらに私そのものを見てほしいという行動へと発展しやすい機構をもっている」[17]と述べている。

　しかし，本研究での「見せる」行為カテゴリーの作成と分類の結果，やまだの示す「提示の関係」にとどまらない関係図式が見られた。表1で示したように，本研究で対象とした4歳児2クラスの製作場面においては，「見せる」行為には大別して〈製作結果の報告〉と〈製作過程での交渉〉という2つの機能があり，さらに〈製作結果の報告〉には，《よくできたことの伝達》《予想外になったことの伝達》《相手と同じモノをつくったことの伝達》の3種類の機能が見られた。また，〈製作過程での交渉〉には，《提案・教示・指定》《確認》《相手と同じモノを用いた遊びへの参加表明》の3種類の機能が見られた。これらの「見せる」行為を行うときに，幼児と他者とモノとの間に成り立つと考えられる図式をまとめて表2に示した。

　表2に示すように，〈製作結果の報告〉のうち，《よくできたことの伝達》《予想外になったことの伝達》の2種類の「見せる」行為を行うときに，幼児と他者とモノとの間に成り立つと思われる関係が，「提示の関係（「私」の領域）」である。

　この関係では，モノは，「見せる」側の幼児が「よくできた」「予想外だった」と思ったことを伝達する媒介物であり，「見せる」側の幼児の私的な領域にある。そのため，モノを通じて「私」や「私」そのものを見てほしいという行動であるといえる。受け手の他者は，そのモノを見ることにより，幼児の製作が「よくできたこと」や「予想外だった」ということを知る。この関係においては，受け手の他者は観客の役割を果たすといえる。

表2 「見せる」行為によって成り立つ関係図式（やまだ〔1987, p.148〕の図式を元に佐川が作成）

「見せる」行為カテゴリー		関係図式（モノの位置）	相手の役割
製作結果の報告	よくできたことの伝達	提示の関係（「私」の領域）	観客
	予想外になったことの伝達		
	相手と同じモノをつくったことの伝達	提示の関係（「相手」の領域）	同志
製作過程での交渉	主張　提案・教示・指定	やりとりの関係（「私」の領域）	交渉相手，パートナー
	同調　確認 相手と同じモノを用いた遊びへの参加表明	やりとりの関係（「相手」の領域）	交渉相手，パートナー

　次に，《相手と同じモノをつくったことの伝達》の機能をもつ「見せる」行為を行うときに，幼児と他者とモノとの間に成り立つと思われる関係が，「提示の関係（「相手」の領域）」である。

　幼児がモノを「見せる」行為を通して，《相手と同じモノをつくったことの伝達》を行うとき，モノは「相手と同じである」ことを伝達する媒介であり，相手の領域と自分の領域が重なった部分にあると考えられる。受け手の他者は，そのモノを見ることにより，自分のモノと相手のモノが「同じである」ということを知る。この関係においては，受け手の他者は観客であるだけでなく，同じ意図をもった行為主体として同志のような役割になると考えられる。

　一方，〈製作過程での交渉〉としての「見せる」行為のうち，《提案・教示・指定》の「見せる」行為を行うときに，幼児と他者とモノとの間に成り立つと考えられる図式が，「やりとりの関係（「私」の領域）」である。

　モノは幼児の「何をつくるか」「どのようにつくるか」という製作意図を伝達する

媒介物であり，「見せる」側の幼児と受け手の他者の間でやりとりされるものである。このときのやりとりは，モノが物理的に移動するのではなく，モノを媒介に製作意図が言葉や視線でやりとりされる観念的なものである。この関係においては，受け手の他者は，「私」と対面し，折衝しながら合意に至ろうとする交渉相手の役割である。

《確認》《相手と同じモノを用いた遊びへの参加表明》の機能をもつ「見せる」行為において，幼児と他者とモノとの間に成り立つと考えられる図式が，「やりとりの関係（「相手」の領域）」である。

これは「やりとりの関係（「私」の領域）」の図式と似ているが，異なるのは，モノが「私」の領域ではなく，「相手」の領域にあることである。モノは，相手の製作意図と「同じであること」を伝達する媒介物である。すなわち，「見せる」側の幼児が，相手の製作意図や遊びの意図に同調することで，協働製作や遊びに参加しようとしていることを表すものである。

以上より，製作場面において幼児がモノを「見せる」行為は，自分のモノや自分そのものを見てほしいという自己顕示にとどまらず，製作物が相手と同じであることを示すことで同志的な関係を築いたり，製作や遊びの意図をやりとりし協働製作や遊びの相互交渉を行ったりというように，多様な機能をもつ行為であることが示された。いずれの場合も，モノは幼児の意図や経験を伝達するための媒介物である。また，自分と相手のモノが同じであるかどうかが重要な意味をもつと考えられる。

［2］分析②　製作場面で幼児がモノを「見せる」相手の時期別の特徴の分析

製作場面で幼児がモノを「見せる」相手が，時期によりどのような相違を示すのかを分析するため，222回の「見せる」行為を時期ごとに分類した。1年間の観察期間中で，一度でも「見せる」行為が観察された幼児は計30名であったが，分析②で分析対象としたのは，1つの時期に3回以上の「見せる」行為が観察された幼児に限定した。回数がごく少ない幼児について，分類し比率を算出しても時期ごとの比較はできないと考えたためである。上記の通り，各時期で一定数以上の「見せる」行為が観察された幼児に関して，「見せる」相手が保育者か他児かにより分類し，時期ごとの回数と比率を算出した（表3）。

さらに，分析対象とした幼児の「見せる」行為について，保育者に「見せる」場合と，他児に「見せる」場合のどちらが多かったかを分析するため，保育者宛ての「見せる」行為の比率から他児宛ての「見せる」行為の比率の差を幼児ごとに算出するとともに，各時期での比率の差の平均値を算出した。分析対象児らの比率の差の値と，その平均値を時期ごとにプロットし，分布図として示したのが図1である。図1では，保育者に「見せる」比率が高いほど，縦の座標軸の1に近い位置にプロットされ，他児に見せる比率が高いほど，−1に近い位置にプロットされる。

図1より，Ⅰ期からⅢ期になるにつれ，保育者に見せる比率が減り，他児に見せ

表3 時期ごとの「見せる」相手の回数（比率）

	Ⅰ期		Ⅱ期		Ⅲ期	
	保育者宛て	他児宛て	保育者宛て	他児宛て	保育者宛て	他児宛て
ななこ	0 (0.00)	1 (1.00)	3 (0.30)	7 (0.70)	5 (0.22)	18 (0.78)
りょうた	3 (0.27)	8 (0.73)	1 (0.17)	5 (0.83)	0 (0.00)	8 (1.00)
まき	0 (−)	0 (−)	3 (0.16)	16 (0.84)	1 (0.25)	3 (0.75)
けんすけ	9 (0.82)	2 (0.18)	0 (−)	0 (−)	3 (0.43)	4 (0.57)
かつや	5 (0.71)	2 (0.29)	8 (1.00)	0 (0.00)	0 (−)	0 (−)
みわ	2 (1.00)	0 (0.00)	0 (−)	0 (−)	4 (0.36)	7 (0.64)
みさ	0 (−)	0 (−)	7 (0.78)	2 (0.22)	1 (1.00)	0 (0.00)
さえ	4 (0.44)	5 (0.56)	0 (−)	0 (−)	0 (−)	0 (−)
みのり	4 (0.80)	1 (0.20)	0 (−)	0 (−)	0 (0.00)	3 (1.00)
もか	5 (0.63)	3 (0.38)	0 (−)	0 (−)	0 (−)	0 (−)
えみ	0 (−)	0 (−)	0 (−)	0 (−)	1 (0.14)	6 (0.86)
あさこ	0 (−)	0 (−)	4 (1.00)	0 (0.00)	1 (1.00)	0 (0.00)
こうた	4 (0.80)	1 (0.20)	0 (−)	0 (−)	0 (−)	0 (−)
ゆういち	0 (−)	0 (−)	1 (0.20)	4 (0.80)	0 (−)	0 (−)
かいじ	1 (1.00)	0 (0.00)	0 (−)	0 (−)	1 (0.33)	2 (0.67)
みなこ	0 (−)	0 (−)	0 (−)	0 (−)	3 (0.75)	1 (0.25)
すずか	0 (−)	0 (−)	0 (−)	0 (−)	0 (0.00)	2 (1.00)
せいや	1 (0.33)	2 (0.67)	0 (−)	0 (−)	0 (−)	0 (−)
そうすけ	0 (−)	0 (−)	0 (−)	0 (−)	1 (0.14)	6 (0.86)
ひろき	0 (−)	0 (−)	0 (−)	0 (−)	0 (0.00)	3 (1.00)
ゆき	2 (0.67)	1 (0.33)	0 (−)	0 (−)	0 (−)	0 (−)
こゆき	2 (1.00)	0 (0.00)	0 (−)	0 (−)	0 (−)	0 (−)
れいじ	0 (−)	0 (−)	0 (−)	0 (−)	1 (0.50)	1 (0.50)
あかね	0 (−)	0 (−)	0 (−)	0 (−)	1 (1.00)	0 (0.00)
がく	1 (1.00)	0 (0.00)	0 (−)	0 (−)	0 (−)	0 (−)
きりこ	1 (1.00)	0 (0.00)	0 (−)	0 (−)	0 (−)	0 (−)
くみ	1 (−)	0 (−)	0 (−)	0 (−)	1 (1.00)	0 (0.00)
ごろう	0 (−)	0 (−)	0 (−)	0 (−)	0 (0.00)	1 (1.00)
ゆり	0 (−)	0 (−)	0 (−)	0 (−)	1 (1.00)	0 (0.00)
りょうへい	0 (−)	0 (−)	0 (0.00)	1 (1.00)	0 (−)	0 (−)
合計	44	26	27	35	25	65

注：分析対象としたのは，一つの時期に3回以上の「見せる」行為が観察された幼児に限定した。表中の網かけ部分は，分析対象とした幼児であることを示す。

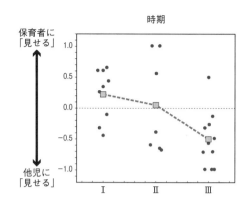

図1　時期ごとの「見せる」相手

る比率が増えていることが示された。Ⅰ期には，幼児にとって既知の関係である幼児が少ないためか，もっとも安心できる保育者にモノを見せることが多いが，Ⅱ期，Ⅲ期になるにつれ，クラス内の幼児で一緒に過ごす時間が長くなり，親密な関係が形成されてきたと考えられ，保育者より他児に向けてモノを見せることが多いと言える。

このことから，幼児が保育者にモノを「見せる」場合と，他児にモノを「見せる」場合とでは，相互行為の内容にも違いがあると予想される。また，1年間の時間的経過にともない，幼児間の親密な関係が築かれ，相互行為の質も変化するということが予想される。そこで，次に幼児が保育者に向けてモノを「見せる」行為と，他児に向けてモノを「見せる」行為の機能の時期別の特徴について検討する。

[3] 分析③　製作場面で幼児がモノを「見せる」機能の時期別の特徴の分析

①幼児が保育者にモノを「見せる」行為の機能の時期別の特徴

製作場面で幼児がモノを「見せる」機能が，「見せる」相手と時期によりどのような相違を示すのかを分析するため，幼児が保育者に向けて「見せる」行為を，「見せる」行為カテゴリー（表1）に基づいて分類し，幼児ごとに〈製作結果の報告〉および〈製作過程での交渉〉と分類された「見せる」行為の回数と比率を算出した（表4）。なお，分析対象としたのは，各時期で一定数以上の「見せる」行為が観察された幼児に限定した。

さらに，分析②同様，時期ごとに，幼児が保育者に「見せる」場合，〈製作結果の報告〉機能と〈製作過程での交渉〉機能のどちらが多かったかを分析するため，〈製作結果の報告〉機能と分類された「見せる」行為の比率から〈製作過程での交渉〉機能と分類された「見せる」行為の比率の差を，幼児ごとに算出するとともにその平均値を算出した。その上で，各幼児の比率の差の値と，その平均値を各時期ごとにプロットし，分布図として示したのが図2である。

図2では，〈製作結果の報告〉の比率が高いほど，縦の座標軸の1に近い位置にプ

表4　時期ごとの保育者宛ての「見せる」行為カテゴリーの回数（比率）

	Ⅰ期		Ⅱ期		Ⅲ期	
	〈製作結果の報告〉	〈製作過程での交渉〉	〈製作結果の報告〉	〈製作過程での交渉〉	〈製作結果の報告〉	〈製作過程での交渉〉
ななこ	0 (−)	0 (−)	3 (1.00)	0 (0.00)	4 (0.80)	1 (0.20)
りょうた	3 (1.00)	0 (0.00)	1 (1.00)	0 (0.00)	0 (−)	0 (−)
まき	0 (−)	0 (−)	3 (1.00)	0 (0.00)	1 (1.00)	0 (0.00)
けんすけ	9 (1.00)	0 (0.00)	0 (−)	0 (−)	0 (0.00)	3 (1.00)
かつや	3 (0.60)	2 (0.40)	7 (0.88)	1 (0.13)	0 (−)	0 (−)
みわ	2 (1.00)	0 (0.00)	0 (−)	0 (−)	3 (0.75)	1 (0.25)
みさ	0 (−)	0 (−)	7 (1.00)	0 (0.00)	1 (1.00)	0 (0.00)
さえ	3 (0.75)	1 (0.25)	0 (−)	0 (−)	0 (−)	0 (−)
もか	5 (1.00)	0 (0.00)	0 (−)	0 (−)	0 (−)	0 (−)
あさこ	0 (−)	0 (−)	4 (1.00)	0 (0.00)	1 (1.00)	0 (0.00)
こうた	0 (0.00)	4 (1.00)	0 (−)	0 (−)	0 (−)	0 (−)
みなこ	0 (−)	0 (−)	0 (−)	0 (−)	3 (1.00)	0 (0.00)

注：分析対象としたのは，1つの時期に3回以上の「見せる」行為が観察された幼児に限定した。表中の網かけ部分は，分析対象とした幼児であることを示す。それ以外の幼児の回数は表から除外した。

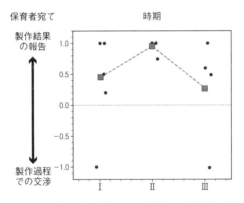

図2　時期ごとの保育者宛ての「見せる」行為の機能

ロットされ，〈製作過程での交渉〉の比率が高いほど，−1に近い位置にプロットされる。

　図2より，各時期により多少の差はあるものの，1年を通じて，製作場面で幼児が保育者にモノを「見せる」行為は，〈製作結果の報告〉機能をもつことが多いことが示された。幼児が保育者にモノを見せる場合には，製作がよくできたことを伝えたいために「見せる」ことが多いと考えられる。

②幼児が他児にモノを「見せる」行為の機能の時期別の特徴

同様に，幼児が他児に宛てた「見せる」行為を，「見せる」行為カテゴリー（表1）に基づいて分類し，回数と比率を示したものが表5である。なお，分析対象としたのは，各時期で一定数以上の「見せる」行為が観察された幼児に限定した。

時期ごとに，幼児が他児に「見せる」場合，〈製作結果の報告〉機能と〈製作過程での交渉〉機能のどちらが多かったかを分析するため，分析③の①と同様の手続きを行ったものが図3である。

図3より，学年開始期のⅠ期では，〈製作結果の報告〉の機能をもつ「見せる」行為の比率が高いのに対し，Ⅱ期，Ⅲ期になるにつれ，〈製作過程での交渉〉の機能をもつ「見せる」行為の比率が高くなっていることが示された。

5. 総合考察

本研究は，幼児が製作場面においてモノを他者に「見せる」行為が，「見せる」側の幼児にとってどのような機能をもち，時期によりどのような特徴を示すのかを検討した。その結果，以下の3点が明らかになった。

第一に，製作場面に固有の「見せる」行為の機能が明らかになった。本研究での「見せる」行為カテゴリーの作成と分類の結果，やまだ[18]の示す「提示の関係」にとどまらない関係図式が見られた。4歳児の製作場面での「見せる」行為では，モノが幼児の意図や経験を伝達するための媒介物となっている。

4歳児の「見せる」行為には，幼児の言葉の発達や他者の意図理解の発達にともなって，自己顕示だけでなく，他者と同志的な関係を築いたり，協働製作や遊びの相互交渉を行ったりというように，相手の意図も考慮した多様なコミュニケーション機能が含まれていると考えられる。

第二に，1年間の時間的経過にともない，「見せる」行為の相手が時期により異なることが明らかになった。学年開始期は保育者に向けられることが多かったのに対し，学年の最終期では他児に向けられることが多いことが明らかになった。保育者は，幼児にとって「私」を見てほしい観客の役割を担うと考えられる。幼児はモノを通じて，保育者の注意を「私」に引き寄せ，「私」を認めてもらうことで，承認感や達成感，満足感を感じると考えられる。

製作場面においては，このような幼児と保育者のかかわりが，製作を支える人的環境として重要であると考えられる。一方，時期が進むにつれ，幼児は他児を友達や遊び相手として認識し，モノを「見せる」ことで，「私」と対面し，折衝しながら協働で製作をする相手として求めるようになると考えられる。

表5　時期ごとの他児宛ての「見せる」行為カテゴリーの回数（比率）

	Ⅰ期		Ⅱ期		Ⅲ期	
	〈製作結果の報告〉	〈製作過程での交渉〉	〈製作結果の報告〉	〈製作過程での交渉〉	〈製作結果の報告〉	〈製作過程での交渉〉
ななこ	1 (1.00)	0 (0.00)	0 (0.00)	7 (1.00)	9 (0.50)	9 (0.50)
りょうた	3 (0.38)	5 (0.63)	3 (0.60)	2 (0.40)	1 (0.13)	7 (0.88)
まき	0 (−)	0 (−)	6 (0.38)	10 (0.63)	2 (0.67)	1 (0.33)
けんすけ	2 (1.00)	0 (0.00)	0 (−)	0 (−)	1 (0.25)	3 (0.75)
みわ	0 (−)	0 (−)	0 (−)	0 (−)	2 (0.29)	5 (0.71)
みさ	0 (−)	0 (−)	2 (1.00)	0 (0.00)	0 (−)	0 (−)
さえ	5 (1.00)	0 (0.00)	0 (−)	0 (−)	0 (−)	0 (−)
みのり	2 (0.67)	1 (0.33)	0 (−)	0 (−)	0 (0.00)	1 (1.00)
もか	3 (1.00)	0 (0.00)	0 (−)	0 (−)	0 (−)	0 (−)
えみ	0 (−)	0 (−)	0 (−)	0 (−)	4 (0.67)	2 (0.33)
ゆういち	0 (−)	0 (−)	4 (1.00)	0 (0.00)	0 (−)	0 (−)
そうすけ	0 (−)	0 (−)	0 (−)	0 (−)	1 (0.17)	5 (0.83)
ひろき	0 (−)	0 (−)	0 (−)	0 (−)	1 (0.33)	2 (0.67)

注：分析対象としたのは，表3で1つの時期に3回以上の「見せる」行為が観察された幼児に限定した。表中の網かけ部分は，分析対象とした幼児であることを示す。

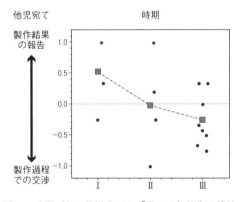

図3　時期ごとの他児宛ての「見せる」行為の機能

　第三に，幼児が「見せる」相手や時期によって，「見せる」行為の機能が異なることが示された。保育者に対してモノを「見せる」場合には，1年を通じて，製作がよくできたことや予想外になったことなど，〈製作結果の報告〉を行う比率が高い傾向にあった。一方，他児に対しては，学年開始期では，〈製作結果の報告〉機能をもつ「見せる」行為の比率が高いのに対し，Ⅱ期，Ⅲ期では，〈製作過程での交渉〉機能をもつ「見せる」行為の比率が高くなっていた。

このことより，一緒に過ごす時間の経過や，一緒に遊んだ経験が蓄積されるにしたがって，幼児間の関係における親密性が増すと考えられ，それにともなって他児は観客という役割のみから，対面で交渉する相手・パートナーの役割も担うようになると考えられる。

ただし，本研究には，以下の2点の課題がある。

第一に，時間的経過にともなう変化には，幼児間の関係における親密性の形成だけでなく，自己主張と自己抑制といった自己調整能力の発達や，時期による保育者の教育的意図の相違といった要因も考えられる。今後は，上記の要因の同定も進めていくことが課題である。

第二には，本研究は2クラスのみを対象に行った観察研究であり，一般的妥当性に限界がある。幼稚園や保育所によっては，毎年クラス替えをせず，4歳児クラスでも数年間既知の関係の幼児と過ごす場合もある。今後は，教育実践の多様性を考慮し，幼児間の相互行為の変化のヴァリエーションを明らかにすることを課題とする。

[謝辞]

さまざまな表情を見せてくれる子どもたち，いつも温かく見守ってくださった幼稚園の先生方，保護者の皆様に感謝申し上げます。そして，ご指導いただきました東京大学大学院秋田喜代美教授，研究室の小野田亮介さん，ならびにご助言いただきました皆様に感謝申し上げます。

[付記]

本研究は，2016年度に東京大学大学院教育学研究科に提出した博士学位論文の一部を加筆・修正したものである。また，本研究は，公益財団法人発達科学研究教育センターの平成26年度発達科学研究教育奨励賞の助成を受けて実施された。「発達研究：発達科学研究教育センター紀要」第29巻，第30巻に一部掲載した研究内容を，新たな枠組みで分析し直し，加筆・修正したものである。

[　　　　　　　　　　　引　用　文　献　　　　　　　　　　　]

1) Tomasello, M. (1999) The cultural origins of human cognition, Harvard University Press. (大堀壽夫・中澤恒子・西村義樹・本多啓訳『心とことばの起源を探る —文化と認知—』勁草書房，2006)
2) 綿巻徹「言葉の使用からみた心の交流」丸野俊一・子安増生編『子どもが「こころ」に気づくとき』ミネルヴァ書房，1998, pp.143-170
3) 鯨岡峻『両義性の発達心理学』ミネルヴァ書房，1999
4) 福崎淳子『園生活における幼児の「みてて」発話 —自他間の気持ちを繋ぐ機能—』相川書房，2006
5) 岩立京子「コミュニケーションとしての表現」無藤隆監修『事例で学ぶ保育内容　領域　表現』萌文書林，2007, pp.116-120
6) Arnheim, R. (1969) Visual thinking. California University of California Press. (関計夫訳『視覚的思考 —創造心理学の世界—』美術出版社，1974)

7) Roden, C. (1999) How children's problem solving strategies develop at Key Stage 1, Journal of Design and Technology Education, 4, pp.21-27
8) 長坂光彦『絵画製作・造形』川島書店，1977
9) 花篤實・山田直行・岡一夫『表現 ―絵画製作・造形― 〈理論編〉』三晃書房，1990
10) 清水益治・無藤隆編『保育の心理学Ⅱ』北大路書房，2011
11) やまだようこ『ことばの前のことば ―ことばが生まれるすじみち１―』新曜社，1987
12) 福崎前掲書[4]，p.116
13) 本郷一夫「友だちの形成過程に関する研究（１） ―保育所の２・３歳児クラスにおける子ども同士の関係―」『日本教育心理学会第38回総会発表論文集』1996，p.162
14) 原孝成「幼児における友だちの行動特性の理解 ―友だちの行動予測と意図―」『心理学研究』65(6)，1995，pp.419-427
15) 高櫻綾子『幼児間の親密性 ―関係性と相互作用の共発達に関する質的考察―』風間書房，2013
16) 秋田喜代美・増田時枝「ごっこコーナーにおける「役」の生成・成立の発達過程」『東京大学大学院教育学研究科紀要』41，2001，pp.349-364
17) やまだ前掲書[11]，p.156
18) 同上書

子ども学投稿論文部門 原稿募集のお知らせ

白梅学園大学子ども学研究所『子ども学』編集委員会

　2013年5月に第1号を発刊いたしました『子ども学』は、2015年発行の第3号から投稿論文を募集しております。

　論文投稿受付は、2014年1月より開始いたしておりますので、以下の「子ども学論文投稿規程」「子ども学編集委員会編集規程」をご確認の上、多くの皆様に投稿していただきたくご案内申し上げます。

子ども学論文投稿規程

白梅学園大学子ども学研究所
『子ども学』編集委員会
2013年11月20日制定
2014年10月17日改正

（目　的）
第1条　『子ども学』（以下、「本誌」という）への投稿に関する詳細は、この規程の定めるところによる。

（人権及び倫理への配慮）
第2条　著者は、投稿論文の内容及び研究手続き全般において、人権の尊重と人間・動物の倫理に十分配慮する。

（審査手続き）
第3条　審査の手続きは、すべてインターネット上で行われるため、投稿論文は情報機器端末のワープロソフトウェアで文書ファイル（以下、「論文ファイル」という）を作成し、本誌の発行元株式会社萌文書林（以下、「萌文書林」という）の投稿用ウェブページを介して投稿する。実際の投稿の仕方については、投稿用ウェブページ掲載の「子ども学ウェブ投稿の手引き」にしたがう。

2　論文ファイルは、MSワード形式（拡張子：doc、docx）または一太郎形式（拡張子：jtd）で作成したものを投稿する。Mac OS等、Windows以外のOSを搭載した情報機器端末のワープロソフトウェア

を使用して作成した場合は、Shift-JIS形式のテキストファイル（拡張子：txt）に保存し直して論文ファイルを投稿し、印刷した原稿を萌文書林へ郵送する。

（未公刊の定義と関連論文の提出）

第4条　審査の対象となる投稿論文は、未公刊のものに限る。その定義については、「子ども学編集委員会編集規程」第10条の定めるところによる。

2　投稿論文と内容的に関係の深い同一著者による公刊また公刊予定の論文がある場合には、その論文の書誌事項（著者名、タイトル、公刊また公刊予定の雑誌名、公刊年等）を記した書類とその論文のコピーを1部、萌文書林に郵送する方法で提出する。

（二重投稿の禁止）

第5条　他の学会誌、研究紀要などへの投稿原著と著しく重複する内容の原稿を本誌に併行投稿することは、これを認めない。また、すでに雑誌や書籍等に掲載された論文と同じ内容の原稿を投稿してはならない。

2　二重投稿が確認された場合には、本誌に掲載された論文は論文削除の手続きがとられる。審査中の論文の場合には、審査を即時中止する。事実関係の調査の後、本誌に著者名を含めて事実関係を公表する。重ねて投稿された、またはされている他雑誌の発行機関には事実関係を報告する。

（論文の長さ）

第6条　投稿論文の長さは、本誌刷り上り20ページ以内とする（論文題・日本語要約・本文・文献・資料・脚注・表・図・付記等、すべてを含む）。本誌1ページは、1,368字分に相当する。

2　やむを得ず定められた分量を超える場合は、理由書を提出する。

（日本語要約及びキーワード）

第7条　投稿論文には、日本語の要約とキーワードをつける。

2　日本語要約は400～600字とする。要約では、タイトルはつけ、著者名は省く。

3　キーワードは5つ以内とする。

（原稿の作成方法と書式）

第8条　投稿論文の原稿は、以下の規程にしたがって作成する。

2　用紙の大きさは、A4判縦置きとし、1ページは1,368字（38字×36行）の横書きとする。次の順で並べて、1つの論文ファイルにまとめる。

①論文題（日本語）：通し番号はつけない。1ページ分を使用する。

②日本語要約：通し番号はつけない。1ページ分を使用する。

③本文：改ページをして、通し番号は第1ページからつける。

④文献：改ページをして、通し番号は本文に続ける。

⑤資料：改ページをして、通し番号は文献に続ける。

⑥脚注：通し番号はつけない。必要ページにまとめて書く。

⑦表：通し番号はつけない。1ページに1個ずつ書く。

⑧図：通し番号はつけない。1ページに1個ずつ書く。

⑨付記：通し番号はつけない。必要ページにまとめて書く。ただし、個人情報が含まれた付記は、論文審査中は提出を保留する。

3　原稿の作成に際しては、とくに次の諸点に注意する。

①引用文献は、論文の最後に「文献」として通し番号つけ、一括してあげる。

本文中の引用個所にはそれに対応する番号（1、2等）を付す。

②脚注は通し番号をつけ、別紙に記載する。本文中にはそれに対応する番号（＊1、＊2等）を付す。

③付記は別紙に記載する。

④投稿論文は常用漢字、現代仮名づかいを用い、簡潔明瞭に記述する。

⑤カタカナは、外国人名ならびに原則として日本語化した外国語を記述するときにのみ用いる。

⑥本文中の外国語の使用はできるだけ避け、外国人名、適切な日本語訳のない術語、書物のタイトル等にのみ用いる。

⑦数字は、原則として算用数字を用いる。

⑧略語は一般に用いられているものに限る。ただし、必要な場合には、初出のときに、その旨を明記する。

⑨表と図は必要最小限とし、重複は避ける。表と図は別紙に書き、表1、図1のように通し番号をつける。

⑩表の題はその上部に、図の題は下部に書く。写真は、図に含められる。説明文はいずれも下部に記す。表、図、写真等の題、説明文、図表中の文字等は外国語にしてもよい。

⑪図は刷り上りがページの半幅または全幅に収まる大きさとし、縦横がそれぞれ約2倍になるように、黒で明瞭に描く。

⑫表、図は本文に比べ大きな紙面を要する。本誌1ページ大のものは、1,368字に相当する。

⑬本文中に、表、図の挿入個所をそれぞれの表や図の大きさを勘案して指定する。

4　共同執筆の場合は、別紙にそれぞれの執筆分担箇所を明記する。明記できない場合は、役割分担を示すこと。

5　論文ファイル1つを、萌文書林の投稿用ウェブページからアップロードする方法で提出する。

（審査基準）

第9条　審査は原則として一度のみとし、審査結果の区分は「掲載可」と「掲載不可」のみとする。「掲載可」とは、そのままあるいは修正を加えることで、本誌の掲載基準を満たすと判断されたことを意味する。「掲載可」となった場合、論文の著者は、審査結果通知書に記載された「具体的に修正が望まれる点」に十分留意した上で論文の修正を行うこととする。「掲載不可」とは、本誌の趣旨に合わないものや掲載基準を満たさないと判断されたことを意味する。ただし同一の著者による再投稿を妨げない。

2　審査基準は、子ども学研究への新たな貢献とする。その際の個別的な基準には、理論、発想、方法、データ等、さまざまな面があることに十分留意しつつ、とりわけ新たな知見の提出に重きをおく。

（審査結果）

第10条　審査結果は委員会が、審査結果通知書により通知する。

2　本誌に投稿された原稿は、原則返却はしない。

（審査結果への異議申し立て）

第11条　論文の著者は、審査結果に異議がある場合、審査結果通知書が送付（または届いた）後3か月以内に委員会へ書面により反論を申し述べることができる。その際の書面は、萌文書林へ送付する。それに対し委員会は、書面により回答する。

（改　定）

第12条　この規程の改定は、委員会の承認を得るものとする。

子ども学編集委員会編集規程

白梅学園大学子ども学研究所
『子ども学』編集委員会
2013年11月20日制定
2014年10月17日改正

(目　的)
第1条　『子ども学』(以下、「本誌」という)の編集業務は、この規程の定めるところによる。

(内　容)
第2条　本誌は、白梅学園大学子ども学研究所『子ども学』編集委員会(以下、「委員会」という)が企画及び編集、株式会社萌文書林(以下、「萌文書林」という)が発行及び販売を行う学術誌であり、子どもを対象とする研究の向上と活発化に資する子ども学及びその周辺領域の多様な研究を掲載する。

(発行数)
第3条　本誌は、当面1事業年度に1号を刊行する。

(論文の区分)
第4条　本誌に載せる論文の種別は、「原著論文」「研究ノート(この規程の第4条4項による)」「その他(原著論文とは異なるが、子ども学の発展のために学術上貴重な価値があると思われる論考)」とする。

2　本誌に載せる論文は、投稿による論文(以下、「投稿論文」)と、委員会からの依頼によって寄稿された論文(以下、「依頼論文」)からなる。

3　本誌に載せる論文は、原則としてすべて審査の対象となる。

4　「研究ノート」とは、以下のような特徴を持つものを指す。また、審査の結果、「原著論文」としての採択には適さないものの、以下の特徴に照らし合わせた上で「研究ノート」として採択する場合がある。
　①研究動向・事実状況を展望し、研究を進める上での基礎的整理をまとめたもの。
　②史・資料の紹介を行うことに重点をおいたもの。
　③「原著論文」にいたる前の萌芽的段階の論述。

5　本誌には、上記1項及び2項に分類されない子どもに関連する論文以外の論考(書評や資料紹介、コラム、エッセー等)について、委員会の議を経て原稿を依頼し掲載することができる。

6　本誌に載せる論文が共同執筆の場合、それぞれの執筆分担箇所を明記する。明記できない場合は、役割分担を示す。

(人権及び倫理への配慮)
第5条　論文は、人権の尊重と人間・動物の倫理に十分配慮しなければならない。

(投稿条件)
第6条　投稿に関わる詳細は、「子ども学論文投稿規程」に定める。

(編集委員会及び編集)
第7条　本誌の編集委員長は、白梅学園大

学子ども学研究所長が務める。
2　編集委員及び編集委員顧問は、編集委員長が委嘱する。
3　本誌の編集は委員会で行われることとし、委員会は編集委員長、編集委員及び編集委員顧問で構成される。

（審査基準及び審査方法）

第8条　審査は原則として一度のみとし、審査結果の区分は「掲載可」と「掲載不可」のみとする。「掲載可」とは、そのままあるいは修正を加えることで、本誌の掲載基準を満たすと判断されたことを意味する。「掲載可」となった場合、論文の著者は審査結果通知書に記載された意見にしたがい論文の修正を行うこととする。具体的な修正の仕方については「子ども学論文投稿規程」に定める。「掲載不可」とは、本誌の趣旨に合わないものや掲載基準を満たさないと判断されたことを意味する。ただし同一の著者による再投稿を妨げない。
2　審査基準は、子ども学研究への新たな貢献とする。その際の個別的な基準には、理論、発想、方法、データ等、さまざまな面があることに十分留意しつつ、とりわけ新たな知見の提出に重きをおく。
3　審査の手続きはインターネット上で行い、論文の査読者は審査の開始後、原則1か月以内にその結果を委員会に提出する。
4　審査は委員会の議を経て依頼された編集委員1名を含む査読者2名で行うこととする。査読者は原則として投稿された論文の研究領域（または最も近い研究領域）の研究者であり、編集委員または編集委員会以外の専門家を委嘱する。
5　審査は委員会以外においては、著者名を伏せて行う。
6　査読者の氏名は、本誌に「編集協力者」として掲載する。

（審査結果への異議申し立て）

第9条　投稿論文の著者より、意義申し立てがあったときは、委員会は書面により回答する。

（未公刊の定義）

第10条　審査の対象となる論文は、未公刊のものに限る。
2　学術誌、一般雑誌、大学や研究機関等の紀要、学術図書、一般図書に掲載された論文は公刊された論文となり、同一論文または実質上同一の論文を本誌には投稿できない。ただし、口頭発表はこの限りではない。なお、投稿論文と内容的に関係の深い同一著者による公刊また公刊予定の論文がある場合には、その論文の書誌事項（著者名、タイトル、公刊また公刊予定の雑誌名、公刊年等）を記した書面とその論文のコピーを1部、萌文書林に郵送する方法で提出する。
3　既公刊、印刷中あるいは審査中の論文と同一のデータに基づくものでも、データの追加や再分析を行い、かつ新たに本文・図表を執筆、作成し、実質的に元となる論文を発展させるものは、公刊されたものとは別の論文と判断されることがあり、その場合には審査の対象になる。

（二重投稿の定義）

第11条　他の学会誌、研究紀要などへの投稿論文と著しく重複する内容の原稿を本誌に併行投稿することは、これを認めない。また、すでに雑誌や書籍等に掲載された論文と同じ内容の原稿を投稿してはならない。
2　二重投稿が確認された場合には、本誌に掲載された論文は論文削除の手続きがとられる。審査中の論文の場合には、審

査を即時中止する。事実関係の調査の後、本誌に著者名を含めて事実関係を公表する。重ねて投稿された、またはされている他雑誌の発行機関には事実関係を報告する。

（原著論文の定義）

第12条　原著論文は、子どもに関係のある課題・テーマについて、何らかのデータや資料に基づく実証研究、理論的考察、事例に基づく分析等、できるかぎり多様なものを含むものとする。なお、子どもに関係のある課題・テーマについて、国内外の諸研究の成果を概観し、総合的に展望した研究論文も認める。

（特　集）

第13条　委員会の議を経た上で、特定のテーマに関して本誌の一部を特集とすることができる。

2　特集は依頼論文からなる場合、公募による投稿論文からなる場合、両者を含む場合のいずれかとすることができる。

（編集委員会からの連絡）

第14条　本誌に「編集委員会からの連絡」を目的とした欄を設け、委員会から論文執筆等のための情報発信を適宜行う。

（印刷費用及び抜刷り）

第15条　採択論文の印刷に要する費用は、原則として委員会の負担とする。ただし、図版、写真等の印刷にとくに費用を要するもの（グラビア印刷、カラー印刷等、本誌の印刷・製本方法と異なる方法を希望する場合）は、著者の負担とする。抜刷20部が著者に贈呈されるが、それを超える抜刷を著者が希望する場合には、著者負担で印刷する。

（無断複製、無断転載の禁止）

第16条　本誌に掲載された論文の著作権は、委員会に所属し、無断で複製または転載することを禁ずる。ただし、著者の要請により、その著書に掲載する場合には、編集委員会において、その適宜を決定する。また、本誌の電子的公開は当分の間行わない。

（事務処理）

第17条　本誌の編集に関わる事務は、萌文書林の編集制作協力を得ながら委員会で行う。

（改　定）

第18条　この規程の改定は、委員会の承認を得るものとする。

『子ども学』投稿用ウェブページについて

　論文の投稿にあたっては、以下のウェブページをご確認ください。本誌の投稿論文の審査は、「子ども学論文投稿規程」の第3条にある通り、すべてインターネット・電子メールなどを介して行われることになります。

●投稿用ウェブサイト「子ども学ウェブ投稿の手引き」

http://houbun.com/kodomogaku

『子ども学』総目次

第1号 2013（創刊号）

白梅学園大学子ども学研究所「子ども学」編集委員会編／2013年／B5判 172頁

特集1　保育の質を問う
- 第1章　レッジョ・エミリアに学ぶ保育の質　　●秋田喜代美 ……… 8
- 第2章　ECERS（『保育環境評価スケール』）にみる保育の質　　●埋橋　玲子 ……… 29
- 第3章　幼児教育から小学校教育への接続とは　　●無藤　隆 ……… 54

特集2　子ども文化の創造
- 第1章　子どもの成育環境・建築環境　　●仙田　満 ……… 76
- 第2章　子ども環境デザイン　　●木下　勇 ……… 98
- 第3章　砂場の保育文化史的考察　　●笠間　浩幸 ……… 118

「社会・文化・歴史」と中国の子ども研究　―差の文化心理学の視点から―
　　　　　　　　　　　　　　　　　　　　●山本登志哉 ……… 138

児童学と坪内逍遙　―児童学を早期に受けとめた先駆者―
　　　　　　　　　　　　　　　　　　　　●小松　隆二 ……… 154

第2号 2014

白梅学園大学子ども学研究所「子ども学」編集委員会編／2014年／B5判 184頁

特集1　教育の質を問う
- 第1章　学びの質を高める教育　　●佐藤　学 ……… 8
- 第2章　幼稚園教育課程の基準とモデルカリキュラムに関する歴史的考察
　　　　　　　　　　　　　　　　　　　　●水原　克敏 ……… 24
- 第3章　現代保育実践の課題と保育カリキュラム論
　―保育実践構成概念としてカリキュラムを問い直す―　●加藤　繁美 ……… 41

特集2　子どもと音楽との出会い
- 第1章　子どもの音楽的技能の獲得　　●水戸　博道 ……… 60
- 第2章　幼児の音（おと）感受の状況と音感受教育の提言　　●吉永　早苗 ……… 78
- 第3章　子どもと童謡　―その現状と課題―　　●畑中　圭一 ……… 100

特集3　子どもの身体
- 第1章　子どもの身体・発達とアロマザリング　　●根ケ山光一 ……… 118
- 第2章　子どもの身体活動と保育　　●吉田伊津美 ……… 136
- 第3章　生後2年目における新しい"身体"
　―パントマイムの誕生―　　●麻生　武 ……… 154

第3号 2015

白梅学園大学子ども学研究所「子ども学」編集委員会編／2015年／B5判 164頁

特集1　子ども観・家族観を問う

第1章　子ども観に関する一考察
　　　　―とくに社会的変動と子どもの位置づけをめぐって―　●本田　和子 ……… 8

第2章　社会変動下の日本の家族　―夫婦と親子の現状と発達課題―　●柏木　惠子 …… 24

特集2　思春期をとらえなおす

第1章　摂食障害と思春期　●西園マーハ文 …… 42

第2章　子どもの性的発達と性問題行動
　　　　―被害‐加害の連続性とグッドライフ・アプローチ―　●野坂　祐子 …… 55

第3章　児童自立支援施設の実践を通して「非行」をとらえなおす
　　　　―発達障害あるいは被虐待経験をもつ少年についての寮職員の語り―　●松嶋　秀明 …… 73

特集3　子どもとアート

第1章　アートと保育士養成　―京都造形芸術大学こども芸術学科の試み―
　　　　　　　　　　　　　　●森本　玄・岸本　栄嗣 …… 94

第2章　からだ・気づき・対話のアート教育
　　　　―小学校の授業実践から，その意義を探る―　●郡司　明子 …… 113

第3章　動的な世界とのかかわりに着目した色彩造形教育　●葉山　登 …… 133

第4号 2016

白梅学園大学子ども学研究所「子ども学」編集委員会編／2016年／B5判 200頁

特集1　脳科学の子ども研究の現在

第1章　子どもの感情と認知について　●中村　俊 …… 8

第2章　脳と発達障害　●榊原　洋一 …… 32

特集2　子ども観を見なおす

第1章　浮世絵のなかの子ども
　　　　―近世日本の子ども史・家族関係史の視座から―　●太田　素子 …… 54

第2章　殺された子どもの行方　―昔話「継子と鳥」と
　　　　ATU720類話にみる〈あわい〉存在としての子ども―　●鵜野　祐介 …… 75

第3章　第二の〈子ども〉の誕生から第三の〈子ども〉の誕生へ
　　　　―マンガにみる子ども像の変化―　●山田　浩之 …… 93

特集3　子ども集団をとらえなおす

第1章　社会の変化と子どもの仲間集団の変容　●住田　正樹 …… 112

第2章　アフタースクールにおける子どもの生活への支援　●山縣　文治 …… 137

第3章　ソーシャル・メディアと子ども・社会　●坂本　旬 …… 153

子ども学投稿論文

子ども理解のツールとしての複線径路・等至性モデル（TEM）の可能性
　　　　　　　●保木井啓史，境愛一郎，濱名潔，中坪史典 …… 170

第5号 2017

白梅学園大学子ども学研究所「子ども学」編集委員会編／2017年／B5判 267頁

特集1　幼児教育における社会情動的スキルの育ち
第1章　幼児教育における社会情動的スキル　●内田　千春 ……… 8
第2章　幼児期の社会情動的スキルを育む保育者の「臨床の知」　●古賀　松香 ……… 30

特集2　「子ども」思想の多様な展開
第1章　〈こども〉文化の進化史
　　　―生態系のなかのヒトの成熟と生命の世代継承―　●宮澤　康人 ……… 54
第2章　インファンス再考　―『エミール』を読み直す―　●森田　伸子 ……… 80
第3章　子どもという多様体のための覚書
　　　―人間／非人間の境界線にかかわる18世紀フランス思想の試み―　●矢野　智司 ……… 104

特集3　子どもと絵本
第1章　絵本の歴史と現在　●野上　暁 ……… 128
第2章　暦から絵本へ
　　　―「大きな作者」から絵本作家が継承してきたものの考察―　●村瀬　学 ……… 152
第3章　絵本を学ぶ・絵本から学ぶということ
　　　―読む身体と聞く身体の響きあいを中心に―　●村中　李衣 ……… 179

子ども学投稿論文
〈原著論文〉
　　チンパンジーの遊びの多様性と環境
　　　―ヒトの遊び環境を考えるために―　●松阪　崇久 ……… 206
　　実践知としての保育者の「見守る」行為を解読する試み
　　　―当事者の語りに着目して―
　　　　●上田　敏丈，中坪　史典，吉田　貴子，土谷香菜子 ……… 223
〈研究ノート〉
　　ポルトマン（Portmann）以降の諸知見に基づく子ども観「断続授抱性」の提唱
　　　―子ども理解と育児・保育の新たな視点―　●金子龍太郎 ……… 240

執筆者紹介
(本誌目次順／現職所属は刊行時)

[巻頭特集]
- 子安　増生　　甲南大学文学部特任教授／京都大学名誉教授
- 永井　聖二　　東京成徳大学子ども学部教授
- 汐見　稔幸　　前白梅学園大学・短期大学学長／東京大学名誉教授

[特集1]
- 針生　悦子　　東京大学大学院教育学研究科教授
- 杉山　実加　　名古屋女子大学短期大学部保育学科講師

[特集2]
- 北野　幸子　　神戸大学発達科学部准教授
- 矢藤誠慈郎　　岡崎女子大学子ども教育学部教授

[小特集]
- 掘越　紀香　　国立教育政策研究所幼児教育研究センター総括研究官

[原著論文]
- 佐川早季子　　奈良教育大学准教授

本誌編集委員
- 編集委員顧問　汐見　稔幸（前白梅学園大学・短期大学学長／東京大学名誉教授）
- 編集委員長　　無藤　隆　（白梅学園大学大学院特任教授／子ども学研究所長）
- 編集委員（50音順）
  - 加藤　理　（文教大学教育学部教授）
  - 佐久間路子（白梅学園大学子ども学部教授）
  - 髙田　文子（白梅学園大学子ども学部教授）
  - 藤﨑眞知代（明治学院大学心理学部教授）

子ども学 第7号 発刊予定

『子ども学 第7号 2019』は，2019年春の発刊予定です。なお，第7号の構成案については，以下のように決定しています。構成案については，決定事項を広告などを通じて順次発表いたします。

構成案

巻頭特集
子ども学研究への提言 2019

特集1
子どもの哲学

特集2
子どもと空間

特集3
保育記録（ドキュメンテーション）と振り返りとは

投稿論文募集中
http://houbun.com/kodomogaku

- 2018年8月末　原稿締切
- 2018年10月末　査読結果通知
- 2018年11月末　改稿期限
- 2018年12月末　採否決定

※なお，構成案は予告なく変更される場合がございますので，あらかじめご承知おきください。

[編集] 白梅学園大学子ども学研究所「子ども学」編集委員会
[発売] ㈱萌文書林
[お問い合わせ] ㈱萌文書林　TEL：03-3943-0576　FAX：03-3943-0567

［装　　画］	杉山貴洋（白梅学園大学子ども学部教授）
［装　　幀］	冨田由比
［編集協力］	萌文書林編集部
［DTP制作］	坂本芳子，冨田由比

子ども学 第6号 2018

2018年5月28日　初版発行

編　　集	白梅学園大学子ども学研究所「子ども学」編集委員会
編 集 人	無藤　隆
発 行 人	服部　直人
発 行 所	㈱萌文書林 〒113-0021　東京都文京区本駒込6-25-6 Tel：03-3943-0576 Fax：03-3943-0567 http://www.houbun.com info@houbun.com
印刷製本	シナノ印刷株式会社

ISBN 978-4-89347-266-3　C3037

定価は表紙に表示されています。

落丁・乱丁本は弊社までお送りください。送料弊社負担でお取り替えいたします。本書の内容を一部または全部を無断で複写・複製、転記・転載することは、法律で認められた場合を除き、著作者および出版社の権利の侵害となります。本書からの複写・複製、転記・転載をご希望の場合、あらかじめ弊社あてに許諾をお求めください。

©2018 Shiraume Gakuen University　　　　　Printed in Japan